未来之舟 编著

·北 京·

图书在版编目（CIP）数据

职场礼仪手册 / 未来之舟编著. －北京：中国经济出版社，2008.5（2024.6 重印）
ISBN 978-7-5017-8471-4

Ⅰ. 职… Ⅱ. 未… Ⅲ. 人间交往—礼仪—手册 Ⅳ. C912.1-62

中国版本图书馆 CIP 数据核字（2008）第 023491 号

责任编辑 陈 瑞
责任印制 张江虹
封面设计 力 力

出版发行 中国经济出版社
印 刷 者 三河市金兆印刷装订有限公司
经 销 者 各地新华书店
开 本 710mm × 1000mm 1/16
印 张 13
字 数 182 千字
版 次 2008 年 4 月第 1 版
印 次 2024 年 6 月第 3 次
定 价 69.80 元
广告经营许可证 京西工商广字第 8179 号

中国经济出版社 网址 http://epc.sinopec.com/epc/ 社址 北京市东城区安定门外大街 58 号 邮编 100011
本版图书如存在印装质量问题，请与本社销售中心联系调换（联系电话：010-57512564）

前　言

一个人的成功，20%是靠智商、职业技能，而80%是靠人际关系的协调能力。可见，对于现代职场（人士）来说，如何拥有良好的人际关系、如何获得他人的好感与信任，是现代职场提升自己的竞争力、取得成功的关键因素。

俗话说：物以类聚，人以情投。在职场这种大部分都是泛泛之交的情况下，更是如此。那么，如何展现自己的良好素质，获得他人的好感与信任？

礼仪体现细节，细节展现素质。

礼仪是在人际交往中，自始至终地以一定的、约定俗成的程序、方式来表现约束自己、尊敬他人的手段和过程。

随着我国经济的飞速发展，精神文明建设水平的不断提高，礼仪已经成为现代交往中必不可少的交往艺术和手段，越来越多的人把礼仪作为基本的知识要求。内强个人素质、外塑单位形象，是对礼仪作用的形象概括。

所谓职场礼仪，是指在职业场合应遵循的、用于律己敬人的各种行为准则和惯例，也就是适用于职场的交往艺术。

人在职场，应有怎样的工作态度？怎样才能拥有“黄金”第一印象？职场如何着装？怎样做好迎来送往？如何有效沟通？和领导、同事、下属交往应注意怎样的分寸？如何参加各种会议？各种场合如何致辞？与外宾打交道要注意什么？这些都是职场礼仪必修课。

“敬人者人恒敬之，爱人者人恒爱之。”尊敬是礼仪情感的基础。在职场交往中，讲究职场礼仪，约束自己的行为，尊敬、关心交往对象，是获得对方好感与尊敬的有效方式，进而让本来不喜欢你的人乐于接受你，与你交往的人更加欣赏你、重视你。

据报载，某先生竟然因为自己因公使用的手机上一个过于“幽默”的手机彩铃，而失去了一宗价值300万的订单，也让单位形象受到了影响。而同样身在职场的李女士，因为不懂“戒指语言”并一直错戴着婚戒，频繁收到求爱信号而尴尬万分。

可见，想要在职场交往中达到事半功倍的效果，职场礼仪绝对是一门必修课。

从这个角度来说，本书不仅是职场的求“生”术，更是求“升”术！

北京未来之舟

2008年3月

目录 Contents

上班不能穿拖鞋

男员工每天应该剃胡须

第三讲 谋面礼仪

握手是世界最通行的致意礼

第四讲 迎来送往

要目送客人一段再返回

第五讲　工作沟通

同事间物质往来要清楚

第六讲　会议与仪式

第七讲　文书礼仪

第八讲　涉外礼仪常识

第一讲

职业意识

ZHI YE YI SHI

【案例鉴赏】

黄总的用人观

黄总是业内名人。八年来，他带领企业成功转制，前年又带领企业在美国成功上市，成为该行业首家上市的公司。

黄总的成功，除了国家宏观政策的支持、他个人的魄力外，用他自己的话说，他有一批非常得力的员工。

黄总认为，作为一名职业人士，首先要有职业意识：积极向上、不断学习、团队合作。只拥有高学历，没有职业意识，并不是合格的人才，发展潜质、对单位的奉献和价值的创造都不可能实现最大化。

所以，黄总说，他宁愿用一位只有本科学历，但有职业意识的员工，而不愿用虽有硕士学位，但没有职业意识、个人主义浓厚的员工。

态度决定行动。人在职场，首先就要有积极的工作态度，才能有良好的职业行为，才能做好工作，才能成为受欢迎的人。

一、态度 > 技能

（一）形象自律

工作态度，首先就体现在个人形象上。即使是一位孜孜以求、切切实实为单位服务的员工，如果不讲究个人形象、不修边幅，同样也会让人难以接受，也难以成为受欢迎的人。

绝大多数的单位，都对员工基本行为举止和妆容有所要求或规定，像不允许穿拖鞋、短裤上班，男士不留长发，女士不穿超短裙及簿、透、露的服装上班等。这些都是基于员工和单位基本形象或者提高工作效率的考虑。作为职业人士，理应严格执行、自觉遵守这些基本要求或规定。如图 1–1。

但有些人因受一些不良习气的影响，把许多不好的行为带到了工作场合。比如在公众场合甚至办公室脱鞋翘脚、大声喧哗、随地吐痰等，这些不注意别人感受的率性行为，严重影响了个人形象乃至单位形象，实在难以和应有的规范严谨、训练有素的职业形象相提并论。

上班不能穿拖鞋

图 1–1

（二）心态积极

积极的心态，更容易使人保持乐观而稳定的情绪，在工作中充满热情和活力；更容易有较强的事业心和目标意识，把个人利益与单位利益协调一致，并正确地认识自己，豁达、宽容，自尊、敬人，建立和保持和谐的人际关系；会使人更加积极进取，勇于追求等。

拥有积极的心态，才能有积极的职业意识，才能与人为善，才能积极参与集体的活动，意识上、行为上才会以工作、以团队为核心，从而工作才能由“要我做”变成“我要做”。这样才能最大限度地提升自己的竞争力，赢得同事、领导对你的尊重、支持和重视。

而如果心态不健康，态度不端正，就会认为工作只是一种消极的、谋生的手段，同事之间只是冷冰冰的工作关系。工作时间在岗位上只是在数着时间过，不愿承担责任，工作弄虚作假、敷衍了事，推诿拖拉，工作效率无法提高。这样的人，很难赢得同事起码的信任和领导的重视，更不用说职业发展了。

二、职场礼仪作用

“礼仪体现细节”。这些细节化的举止行为要求，都通过每位员工表现出来。训练有素举止端正，无疑是个人良好修养与素质，一个单位完善而严谨的企业文化的反映。

（一）内强个人素质

礼仪的内容都是通过一系列的细节行为体现出来的，是否知礼、守礼，就是是否按照礼仪规则、惯例与人交往。不论是个人形象礼仪、通讯礼仪、举止行为礼仪、沟通礼仪、会议与仪式礼仪等，都需要通过每个人来体现。职场礼仪必须首先从“我”做起，严格要求自己。在将这些礼仪行为培养成自己的行为习惯之后，在举手投足、言谈举止间，也就体现了自己良好的素质，从而能最大限度地获得别人的善意、好感和尊重。

（二）外塑单位形象

任何一个单位，不管是企业还是机关，都是由每个个体员工组成。只有每个人都有训练有素的举止行为，在外人看来，才认为是这个单位的形象和行为。同样，如果别人看到了员工缺乏修养的举止行为，哪怕是极个别员工，也就会直接认为是这个单位的管理问题。对方不可能也没必要一一调查是个别员工的素质还是普遍共性问题。所以，讲职业礼仪，是每个人的责任，必须从“我”做起、从现在做起。

小邹是新进员工。他以良好的形象和口才，引起了领导的重视。工作三个月后，领导就安排小邹负责接待来考察合作的兄弟单位的领导。

然而，在小邹接待的第三天，对方就提前结束考察匆匆返回了。对方在来函中说，他们认为小邹所在单位对这次合作极不重视，而且更认为他们公司管理混乱、员工素质不高，难以与他们共同完成重任。原来，小邹在接待期间穿的是不伦不类的夹克加衬衫和“易拉得”领带；对方和他交换名片时，他在看了一眼名片后就直接装进了裤兜里；每天早上接客人时，总是在酒店外面鸣笛催促……

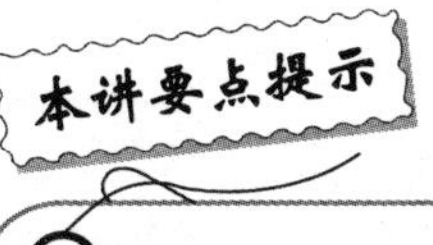

1. 职业人士应有怎样的工作态度？

2. 职场礼仪有什么作用？

第二讲

形象定位

XING XIANG DING WEI

【案例鉴赏】

“一屋不扫，何以扫天下！”

公司新任的营销总监黄文，是名校MBA。肖总对这位新任总监抱以重望，希望他能整顿好公司上百人的销售队伍，使销售业绩有所突破。

三个月之后，肖总竟然发现，公司的销售队伍更加不稳定了，大家都对这位新任总监非常不满意，甚至一个老客户在和这位黄总监两次接触之后，对能否与他们继续合作也产生了怀疑。

原来，黄总监是个不拘小节的人。他认为，只要有能力就行，什么举止仪态、穿衣打扮等这些都是多余的。

开会的时候，拍桌子、手指着同事们的鼻子说话是常事；胡子是想起来就刮，想不起来几天也不刮一下：鼻毛经常“迎风起舞”；即使见很重要的客户，也经常是穿着一身休闲装；坐着说话的时候，总喜欢跷起脚尖，边抖着脚边说话……

“一屋不扫，何以扫天下！”肖总痛心地说。半个月后，这位总监悻悻地离职了。

对于初步交往来说，感觉一个人的印象如何，评价一个人是否有魅力，往往都凭交往时所看、所闻。尽管我们反复强调看人要看本质或者强调“内心美”等，但并不是职场这种大部分都是泛泛交往中所能做到的。所以，塑造良好的形象，对职业人士来说是非常重要的。

一、面容规范

个人形象当中，面容形象毫无疑问占了很大比重。好的面容是人的第一名片，也是给交往对象留下感官印象最直接的部位。所以，处理好个人面容是打造个人形象的基础。

（一）须发修饰

人在职场，重要的是严谨、积极的工作作风，所以不应过分强调自己个性化的形象。

男士不应烫发或者染发（除非是出于职业需要，如美发行业、从事艺术工作等）。女士不应烫成过于夸张的发式，比如爆炸式、大卷式等。发型上，虽然现在的要求已经不再那么单一，但无论怎样，都不要做成夸张、另类的发型。即使染发，也不要染过于艳丽的颜色，可以染成跟黑色接近的颜色，如棕色、栗色等。

作为女士来说，工作场合最规范的发型是盘发；束发、披肩发也可以。如果是披肩发，要确保不要因为发型而在工作的时候经常用手拢头发。刘海不要遮住眼睛。

除了一些美发行业、艺术工作者等提倡个性、创意的行业，男士或许会留长发外，一般男士头发的最佳长度是：前不遮眼，左右不盖耳，后不及衣领。所以，正常情况下男士应该一个月左右就理一次头发。

要注意头发的清洁和适当的修饰。特别是夏天出汗较多，更要及时清洗，以保持清洁，避免头发上有明显的头皮屑。

男士每天都要剃净胡须（特殊宗教信仰者除外）。如图 2–1。

鼻毛要注意经常修剪，避免长于鼻孔之外。

（二）淡妆规范

男员工应该每天剃胡须

图 2–1

女士，特别是窗口岗位、需要经常与外界接触的岗位，工作中提倡化淡妆。淡妆讲究的是自然、淡雅、简洁、适度、庄重、避短。

一个标准的淡妆基本步骤是：洗脸、粉底、眼影、修画眉型、腮红、唇红。

1. 洗　脸

洗脸是美化脸部的第一步，也是化妆的第一步。可以选择适合自己的洁面乳。洗的时候，手可以进行弧度按摩，这样可以彻底清除脸上附着的灰尘。然后拍上适量的化妆水、紧肤水，这样可以收缩毛孔，再抹一层化妆底霜，一般用日霜或隔离霜，防止肌肤干燥起皮。

有条件的话每个星期使用一下面膜，这样可以有效护理脸部。感觉劳累的时候，或者要出席一些重要活动，用面膜清洁，能使自己容光焕发。

2. 粉　底

粉底、眼影、腮红、口红的颜色要和人的皮肤、服饰的颜色协调，这样才有和谐的美感。

选择粉底要考虑颜色和质感，最好选择较好质地的品牌。粉底颜色越接近肤色看上去越自然，最好还要多准备一个深色的，作为下颚、鼻梁、额头上打阴影用。粉底不是面具，应该要使皮肤看上去透明光滑、有光泽、健康滋润。苍白脸色的肤色，使用象牙色或粉红色的粉底；乳黄色皮肤用茶色或金褐色粉底；棕色皮肤可以用颜色稍深的粉底，再使用适当的亮光剂。

打粉底是基础妆。一定要用海棉扑，取用适量、涂抹细致、薄厚均匀。

另外不要忘记也要在脖子和耳后打上一点儿，以使有自然的过度色。

液体粉底，挤压或者倒取一点，先在左手手心或手背预热。特别是冬天，这一步很重要，温的粉底打到脸上才比较自然。然后用右手中指也可以加上无名指分几次少量沾取后，用按压的方式把粉底液均匀地打到脸上，当然“T”字部位（即额头、鼻部）要仔细打，因为这个部位毛孔大，而且容易脱妆。两边的腮部，少一点薄一点就好，不用整张脸全部一样。在眼皮上也要打上粉底，这样眼影能上色持久。

如果脸上斑点比较多，可以用修饰粉底。膏状的修饰粉底，用于比较严重的瑕疵部位，在肤色粉底前使用，用法跟前面说的一样。乳液状的，可以先打在需要部位，也可以直接在手心和肤色粉底调和后，一起打到脸上，比较快而方便。然后再用肤色粉底。

当然了，如果肤色比较好，完全可以不打粉底。

3. 眼　影

选择眼影要知道：眼影、腮红、口红的颜色要和服饰的颜色相协调，而且要求是淡色的眼影。灰、白、黑色服装适合任何化妆颜色。其他常用颜色服饰和化妆颜色的搭配如表格所示。

编　号	色　系	适合服装	眼　影	腮　红	口　红
1	蓝紫色系	深蓝、浅蓝、紫红、玫红、桃红等	棕、紫红、深紫、浅蓝色搭配	粉、粉红色	紫红色系
2	粉红色系	白、黑、灰、粉红、红色等	棕、粉红、驼、橘红、灰色搭配	粉红、红色	红色系
3	棕色系	淡棕、深棕、土红、棕红、驼色、米色等	棕、驼、灰颜色调和搭配	红色系	红色系

画眼影，首先要用眼影刷蘸点眼影，从眼角刷到眼梢，再反手往前、往上，刷匀整个眼睑位置。上眼影前需要轻甩几下眼影刷，以抖掉过量的眼影粉。接着，沿着眼睛弧度，在眼皮皱褶弧线部位内，以同样的方式刷上适中的眼影色彩。最后，在眉骨处再次刷上淡色眼影，眼睛下方也加点亮色粉彩，这样不仅使整个眼妆更加立体，也让眼珠看起来更加明亮。涂

抹眼影要把握好，配合眼睛弧度和眉骨凹凸位置，细致地把色彩涂在眼皮上，不管是用手指还是眼影刷，都要逐次蘸少量眼影加深色调为佳，以免一下子涂得过量。而且要尽量涂得贴近睫毛，不要留有空隙。使用两色或两色以上的眼影，颜色可以重叠起来，晕染到眉骨下方让轮廓更加突出。化好后再照一下镜子，如果感觉两边不平衡，应修饰一下。

如果觉得本身眼部就比较美观的话，工作淡妆的时候这一部也可以省略。

4. 眉　毛

眉毛重要的是眉形，眉毛的形状会跟着面部表情的变化而改变，眉毛的颜色和形态，又影响着人的脸型相貌。

比较理想的眉毛结构是眉头在内眼角上方偏里侧一些；眉峰的位置在眉梢至眉头的1/3处；眉梢的位置在眼尾至鼻翼外侧的斜线上。

画眉毛要按自然长势，有的地方轻，有的地方重，有的部位稀，有的部位密。眉的中部、下沿重一些，眉的上部边沿、眉梢要稀一些。修眉前要先用小眉刷轻刷双眉，以除去粉剂及皮屑。然后将散眉拔掉，可以用收敛水拍打双眉及其周围的皮肤，收缩皮肤毛孔。再用小刷子轻刷双眉，让它保持自然位置，必要时用眉笔修饰。修好眉形后，两三天清除一下杂眉就行了。

5. 腮　红

工作淡妆要选择接近肤色的腮红，以呈现出完全自然的妆效。

腮红一般可以打在笑肌上（使劲笑的时候，嘴巴不要张开，感觉脸颊两边的提升，脸颊两边鼓起来的最高部位就是笑肌），但具体也要根据脸型来扫。

圆脸型：可以把腮红从颧骨中心向靠近鼻梁的部位逐渐拉长，呈长弧形轻扫，再自然地向耳边舒展，渐渐淡下去，可以使脸型显得长一些。

窄长脸型或小脸型：选用浅桃红或较艳的苹果红色的腮红，以颧骨为中心往外侧推抹，横面铺开为扇形，到两颊自然地匀开，可以使脸显得丰满圆润。

颧骨偏高脸型：要选用明快一些的涂抹在颧骨下边，自然地向周围舒展开，这样可以使高颧骨下面的部位显得丰满些，看起来高颧骨就不那么突出了。如果颧骨下边凹得较明显，还可以在最凹处使用更浅一些的腮红或淡粉底色，同时淡淡地匀开，使面颊上下左右看起来比较柔合。

瘦弱、憔悴的面容：腮红要轻柔而圆润地向面颊周围自然地展开，面积可以大一点。这样，绯红的面颊可以使瘦弱、憔悴的面容显得红润、柔和而有光泽。

正常脸型：可以同时使用棕、粉红、淡红偏黄三种颜色的腮红。棕色涂在颧骨下的阴影部位。粉红涂在颧骨处，淡红偏黄颜色涂在颧骨之上和眼外角及眼下部位。

扫腮红一定要注意尽量对称，不然给人高低脸、大小脸的错觉。

如果觉得自己的脸型、面色比较好，也可以不打腮红。

6. 唇　膏

最后涂唇膏。可以选一些能让皮肤和牙齿看起来白一些，眼睛亮一些的唇膏。如果唇色比较重的话，只涂一点润唇膏就可以了。

也可以先画唇形再涂唇膏，要先用唇线笔描好唇线，确定好理想的唇形。唇线笔的颜色要略深或相似于口红的颜色。

描唇形的时候，嘴要自然放松微微张开，先描上唇，后描下唇。描上唇要从左右两侧分别沿着唇部的轮廓线向中间画。上嘴唇嘴角要描线，下唇嘴角不描。完美的嘴唇要对称，左边嘴唇一定是右边嘴唇的翻版，上唇和下唇的厚度必须一样。描好唇形后，再涂唇膏。涂的时候不要超出先前画好的唇形，涂好后用纸巾吸去多余的唇膏，还要看一下牙齿有没有沾上唇膏。

一个简单的工作淡妆就完成了。

如果不是接待、窗口、业务等经常与外界接触的场合，女士不必天天都化规范的淡妆，可以化个简约妆，比如描个眉、涂个唇膏等就可以了。

如果参加晚宴、舞会等晚上的活动，因为晚上灯光的原因，则可以把妆化得浓一些。

7. 补　妆

为了避免妆容残缺，化妆后要经常检查，特别是在出汗、用餐、休息之后。如果发现妆容残缺，要马上补妆。既然是补妆，当然是以补为主，只需要在妆容残缺的地方稍作修补就行了。补妆的时候，应适当回避别人，可以在没有人的角落或洗手间进行。

8. 香　水

一般都把香水的使用和化妆同时进行。喷抹香水，千万不要集中在身体某一部位，少量多处、平均散布才是正确的方法。先把香水喷抹在手腕上，再移往另一只手腕，等手腕温热后，再从手腕移到耳后，然后擦在耳下颈动脉及其他脉搏跳动处、手肘、膝盖内侧等处，涂抹用无名指沾上香水在各个需要涂抹的地方按压两下就行了。

把香水喷抹在衣服上也是一种保持香味纯正的好方法，一般多喷在内衣上或是外衣内侧、衣领后面、裙摆、衣摆内边沿等比较隐蔽的地方。如图 2–2。

（三）个人卫生

良好的个人卫生是职业人士精神面貌和个人修养的起码要求。工作能力再强，如果不注意个人卫生，同样会成为不受欢迎的人。

1. 身体气味

首先要做到“六忌”，即：忌吃葱、蒜、韭菜、萝卜、臭豆腐、红薯等有刺激性气味或易排“尾气”的食物。

如果不小心吃了容易产生刺激性气味的食品，可以以嚼口香糖、用口喷等方式减轻异味。

可以使用香水

图 2–2

在感知到要有“尾气”排出的时候，应尽可能离开人群解决，避免“尾气”当众“大鸣大放”而引发尴尬。如果觉察到别人排出的“尾气”，千万不要表现出大惊小怪甚至当众说出来。这时候最好的方式就是当作不知道，如果实在不行，条件允许的时候就可以找个理由暂时离开座位一会儿。

如果身体有异味，如狐臭、汗臭，可以用一点淡雅的香水，以遮掩异味。

2. 身体清洁

首先就要做到“三勤”，即勤洗澡、勤换衣裤、勤漱口。这是个人清洁的基本要求。

要特别注意脸部的清洁，包括耳朵、眼部等。要经常清洁耳部，如果有耳毛的话，还要定期进行修剪。要注意避免分泌物遗留在眼角。

鼻部的修饰。早晚特别是经过较长时间在外奔波的，更要注意清洁鼻子内外。需要处理鼻液的时候，要到没有人的地方用手帕或纸巾擦干净。

牙齿的保洁。在任何场合之下，牙齿都应该是清洁、无异物的，所以要经常自我检查。如果牙齿上有不易去除的、明显的牙垢，或是牙齿发黄，可以去医院或专业洗牙机构洗牙。

二、着装规范

人要衣装，佛要金装。得体的着装不仅是个人素质、修养和品位的体现，还表现出自己对工作的热爱，也是单位形象和企业文化的一种外在表现。

周总虽然刚来公司不到一个月，但却以他的个人魅力折服了所有同事。原来，周总不仅做事认真负责，而且着装始终整整齐齐、干干净净。不同的场合还换上不同的着装。比如公司组织郊游的时候，他就换上一身轻松的运动装。出差在外，即使没有带很多衣服换，也至少会换一条领带……用他的话说：“做大事的人，小节也不应马虎”。

（一）着装基本要求

穿戴整齐，能够体现生气勃勃、奋发向上的精神风貌。在日常工作、生活中，人们的衣着习惯已成为一种评判服饰美丑的标准，违背了这种标准，就会对自身的形象造成负面影响。

1. 要符合穿着的基本惯例

比如穿西装、衬衫就应打领带，穿夹克衫不应系领带，男士穿西装就要穿深色皮鞋，女士穿裙装、西装就要穿肉色（黑色是第二选择）袜子，穿皮鞋，女士袜口不能暴露在外，长袖衬衫的下摆、吊裤带也不要暴露在外。不能穿短裤、拖鞋、背心上班等。即使天气再热，女士着装要避免“薄”、“露”、“透”。

2. 要和所处的环境相协调

当人置身在不同的环境、不同的场合，应该有不同的着装，要注意穿戴的服装和周围环境的和谐。比如，在办公室工作就需要穿着正规的职业装或工作服。比较喜庆的场合如婚礼、纪念日等可以穿着时尚、潇洒、鲜亮、明快的服装；悲伤场合如葬礼、遗体告别等，参加者的心情是沉重而悲伤的，所以要素雅、肃穆。

3. 要和身份、角色一致

每个人都扮演不同的角色、身份，这样就有了不同的社会行为规范，在着装打扮上也自然有规范。当你是柜台销售人员，就不能过分打扮自己，以免有抢顾客风头的嫌疑；当你是企业的高层领导人员出现在工作场所，就不能随心所欲。

4. 要和自身“条件”相协调

要了解自身的缺点和优点，用服饰来达到扬长避短的目的。所谓“扬长避短”重在“避短”。比如身材矮小的适合穿造型简洁明快、小花型图案的服饰；肤色白净的，适合穿各色服装；肤色偏黑或发红的，忌穿深色服装；肤色偏黄的，最好不要选和肤色相近的或较深暗的服装，如棕色、深灰、土黄、蓝紫色等，它们容易使人显得缺乏生机等。

5. 要和着装的时间相协调

只注重环境、场合、社会角色和自身条件而不顾时节变化的服饰穿戴，同样也不好。比较得体的穿戴，在色彩的选择上也应注意季节性。如春秋季节适合选中浅色调的服装，如棕色、浅灰色等。冬季可以选偏深色的，如咖啡、藏青、深褐色等。夏装可以选淡雅的丝棉织物。

（二）工作装穿着

1. 统一的工作装

如果本单位有统一的工作装，穿着的时候就要注意。

（1）整　齐

整齐就要合身。工作装应注意“四长”、“四围”。四长：（如果是长袖的话）袖长至手腕、衣长至虎口、裤长至脚面、裙长至膝盖；四围：领围以插入一指大小为宜，上衣的脚围、腰围及裤裙的臀围以穿一套羊毛衣裤的松紧为宜。特别要注意内衣不能外露；不漏、掉扣；领带、领结、飘带和衬衫领口的吻合要紧凑且不系歪。

（2）清　洁

衣裤无污垢、油渍、异味。领口和袖口尤其要保持干净。穿着不清洁的工作装等于给自己和单位的形象抹黑。

（3）挺　括

工作装脱下不穿后要挂起来，以尽可能保证上衣平整、裤线笔挺。如果不平，穿之前还应熨烫一下。这样不仅美观，更能衬托出穿着者良好的形象和风度。

（4）规　范

工作装不论是西装套装（裙）还是旗袍、连衣裙或者其他，都要按既有样式穿着，不要别出心裁，自己随意搭配甚至“再加工”，也不要任意卷挽袖口、裤腿。

2. 非统一的工作装

也有很多单位既没有自己的工作装，又没有规定工作装的样式。这就要求要有高度的自律，自觉对自己的着装有一定要求。总体来说，要注意的是：

（1）男士要求

不应穿着夹克衫、背心以及乞丐裤、凉鞋、拖鞋走上工作岗位，不要穿运动鞋、布鞋，不要穿着白色袜子。要注意整体着装的和谐。

在正式场合，如签约、重大招待、参加发布会、重要会议，拜访重要人士等，都要穿着正装。

（2）女士要求

不要穿超短裙、时装裤、颜色过艳、款式过奇过露的服装，要避免内衣外现，不要穿吊背装。不要穿凉鞋、拖鞋、鞋跟过高的鞋、不要钉金属鞋掌。要穿丝袜，但不要穿网格状丝袜。要注意上衣和下衣以及鞋的整体协调搭配。

同样，在正式场合要穿着正装。

（三）正装穿着

1. 男士西装

西装是全世界最流行的正装，也是正式场合通用的礼服。

（1）怎么选西装

一身好西装，是自身品味、身份的象征，而且也可以长久地保持板型。所以在西装的挑选上，不应该过于图便宜。其实，买两套 800 元的便宜西装，还不如买一套 2000 元的西装显档次、耐穿。

西装的选择上，不要过于轻浮和随便。藏蓝色的西装是职业男士的首选。另外，还可以选择灰色或棕色的。

按照惯例，越是正规的场合，越讲究穿单色的西装。在正式场合不要穿色彩过于鲜艳或发光发亮的西装。朦胧色、过渡色的西装，通常也不要选择。

款式上，按照传统观点，三件套西装（西装上衣、西裤、西装马夹）比起两件套西装来，显得更正规。一般参加高层次的对外活动，可以选择三件套西装。

两粒钮扣的单排扣西装上衣就显得更为正统一些，双排扣的西装上衣比较时尚。两粒钮扣和六粒钮扣两种款式的双排扣西装上衣属于流行的款式。

图案上，西装表现的是成熟、稳重，所以西装一般以没有图案为好。唯一例外的是，男士可选择以“牙签呢”缝制的竖条纹的西装。竖条纹的西装，条纹越细密越好。

（2）西装的穿着

1）穿着西装六要

①要拆除上衣左袖口处的商标或质地的标志。

②西装除了要定期干洗，还要在每次穿之前，进行熨烫，以保证西装的平整挺括、美观大方。

③要扣好钮扣。西装上衣钮扣的系法讲究最多。在大庭广众前起身站立后，上衣的钮扣应当系上。就座后，上衣的钮扣可以解开，以防“扭曲”走样。如果穿的是单排扣上衣，里面穿了背心或羊毛衫，站立的时候可以不系钮扣。

通常，系西装上衣的钮扣的时候，单排两粒钮扣的，只系上边那粒。单排三粒钮扣的可以只系中间的或是上中两粒扣子。但双排扣西装要求把所有能系的钮扣统统系上。

西装背心只能和单排扣西装上衣配套。钮扣数目不等，可以分为单排扣式和双排扣式两种。根据西装的着装惯例，单排扣式西装背心的最下面的那粒钮扣应当不系，双排式西装背心要把全部钮扣统统系上。不管是单独穿着，还是和西装上衣配套，都要认真地扣上钮扣。

④避免挽起西装上衣衣袖或卷起西裤的裤筒。

⑤要给口袋减压。西装上衣的外胸袋除了可以插入一块用来装饰的真丝手帕以外，不放其他东西。内侧的胸袋，不要放过大过厚的东西，可以放钢笔、钱夹或名片夹。外侧下方的两个大口袋，原则上不放任何东西。

西装背心的口袋多起装饰功能。除可以放怀表外，不要放别的东西。

西装裤子侧面的口袋只可以放纸巾、钥匙包或者小钱包。后侧的口袋，最好不放任何东西。

⑥要注意搭配。西装的标准穿法是内穿衬衫，衬衫内不穿棉纺或毛织的背心、内衣。如果确实需要在衬衫内穿衣的时候，以一件为限，否则会显得很臃肿。色彩上要和衬衫的色彩相仿，至少不要比衬衫的色彩深，免得“反差”鲜明。内衣的领口和袖口要比衬衫的领口低，以免外露。冬天里也最好穿上一件“V”领的单色羊绒衫或羊毛衫，这样既不显得花哨，也可以打领带。不过现在很多人会去选择各类保暖衬衫、内衣，那样就不

用担心穿得太厚了。还要注意和衬衫、领带、鞋袜、公文包的组合搭配。

2）穿着西装四不要

①衣袖不要过长。最佳的长度，是手臂向前伸直的时候，衬衫袖子要露出 2~4 厘米。

②衣领不要过高。最佳的高度，是在伸直脖子的时候，衬衫领口以外露 2 厘米左右为宜。

③雨天不要穿西装。因为衣服淋湿后，粘衬容易和面料脱离，从而使衣服变形。

④不要只穿一套。衣服的纤维有类似橡胶的伸缩性能，衣服穿在身上，纤维伸拉适体，衣服脱下会回缩恢复原状，只不过恢复时间较长罢了。所以，穿西装最好准备两套以上，就能轮流穿。保持西装式样不变，并减少衣服的磨损，自己也会有新鲜感。

（3）怎么穿衬衫

衬衫可以说是西装的“铁杆伙伴”，应当是以长袖的纯棉、纯毛制品为主的正装衬衫。以棉、毛为主要成份的混纺衬衫，也可以酌情选择。必须是单一色彩，白色是最好选择。另外，蓝色、灰色、棕色、黑色，也可以考虑；正装衬衫大体上以没有图案为好。较细的竖条衬衫也可以穿着，但不要和竖条纹的西装搭配。

正装衬衫的领型多是方领、短领和长领。选择正装衬衫的时候，要兼顾本人的脸形、脖长以及领带、领结的大小，它们之间反差不要过大。

和西装一起穿衬衫的时候，要注意以下几点。

①要系上衣扣。穿西装的时候，衬衫的所有钮扣都要系好。只有不打领带的时候，才解开衬衫的领扣。

②下摆要收好。穿长袖衬衫，要把下摆均匀地掖到裤腰里面。

正式场合下，西装必须和衬衫同时穿着。只有在自己的办公室里，可以暂时脱掉西装外套，直接穿长袖衬衫、打着领带。

穿衬衫的时候还要注意，要经常换衬衫，不要一件衬衫穿到衣领“乌溜溜”。

（4）怎么系领带

领带是男士的饰物之一。

1）领带的使用

正式场合适合的领带，是用真丝或者羊毛制作成的，涤丝领带也可以用。样式上来说，下端为箭头的领带，比较传统、正规；下端是平头的领带，就显得时尚、随意一些。领带的宽窄要和腰围、西装上衣的衣领，形成正比。

“易拉得”领带，不适合在正式场合（如仪式、庆典、重要接待、重大会议等）使用。

还要将领带结打的挺括、端正。领带结的具体大小，要和衬衫衣领的大小形成正比。最忌领带结打得不端不正、松松垮垮。

就领带的长度来说，打好后下端能碰到腰带扣就行。如果太长就有可能不时的从上衣衣襟处窜出来。

使用领带夹的时候，不要让它暴露在外，最好是把它夹在衬衫自上而下的第四粒到第五粒钮扣之间。

穿西装套装必须打领带。如果穿西装上衣和衬衫，领带要放在二者之间，并自然下垂。在西装上衣和衬衫之间加穿西装背心或羊毛衫的时候，要把领带放在西装背心、羊毛衫和衬衫之间。

2）领带的搭配

领带的搭配很有技巧。例如，上班时要避免选用颜色太浅的领带。如果西装和衬衫属于浅色，就不易衬托对比效果；如果西装和衬衫的颜色较深，又容易使领带显得轻浮。

深色西服可以配颜色比较华丽的领带，此时的衬衫应该是纯色的；淡色的西服，领带也要相应素雅一些；如果衬衫的色调强、花纹多，领带也可以相对素雅。

青年人可以选择色彩鲜艳、对比强烈的款式，以加强青春朝气；长者应该选择暗色、花型简洁的款式；个子高的应该选择外观朴素、雅致大方的；个子矮的适合系斜纹细条的；脖子长的要避免用领结，而用大花型领带；面色红润饱满的人应该选择丝绸料的领带，颜色以素净为主；脸色苍白、晦暗的就可以用明亮色调的。

要注意的是，即使衬衫两三天不换，领带也要换一条。否则，很容易让人联想到是“夜不归宿”型的、缺乏责任感的男士。

总而言之，无论是选择还是搭配领带，都是让它给西装起到画龙点睛的作用。

（5）鞋袜搭配

西装的鞋、袜，也要讲究统一、规范，符合要求。

1）皮鞋的搭配

选择和西装配套的鞋子，只能选择深色、单色的皮鞋。黑色牛皮鞋和西装最般配。磨砂皮鞋、翻毛皮鞋不太适合和西装相配套。

在正式场合穿的皮鞋，应当没有任何的图案、装饰。系带皮鞋是最合适的。一些船形皮鞋、盖式皮鞋、拉锁皮鞋等，不适合工作场合穿着。男士如果穿厚底皮鞋、高跟皮鞋、坡跟皮鞋或高帮皮鞋也会显得不伦不类。

皮鞋要勤换、勤晾，免得气味熏人。如果自己有脚气，可以准备小瓶香水以备“不时之需”。

在正式场合中，皮鞋应该永远是清洁的。所以就应该在自己的包里准备上鞋刷、鞋油以备用。如果碰上雨天、雪天，要在进门前检查一下鞋底，如果满是泥土，就要采取适当的措施清洁。

2）袜子的搭配

和西装、皮鞋相配套的袜子，最好是纯棉、纯毛制品。以棉、毛为主要成分的混纺袜子，也可以选用。一般是深色、单色的袜子，黑色比较正规。不要穿白色袜子，也不要穿彩袜、花袜或发光、发亮的以及浅色的袜子。

如果发现有破洞、跳丝，要及时更换，所以女士一般都要在自己的包里放上备用丝袜。太小、太短的袜子也不适合穿。如果太小，不但容易破，而且容易从脚上滑下去；长度不要低于自己的踝骨。穿皮鞋绝不能赤脚。

（6）公文包的使用规范

公文包被称为“西装的伴侣”。

公文包的面料应该是真皮的，牛皮、羊皮制品，而且黑色、棕色是最正统的选择。从色彩搭配的角度来说，公文包的色彩和皮鞋的色彩一致，看上去就显得完美而和谐。除商标外，公文包在外表上不要带有任何图案、文字。手提式的长方形公文包是最标准的。箱式、夹式、挎式、背式等其他类型的皮包，都不应该作为公文包。

公文包要拆掉真皮标志。进入别人的房间后，要把公文包自觉地放在自己座位附近的地板上，或主人指定的地方，不要乱放在桌、椅上。

作为男士来说，有一个“三一律”原则，就是在工作场合要求皮包、皮鞋、皮带三者的颜色要一致。

2. 女士裙装

在所有适合职业女士在正式场合穿着的裙式服装中，套裙是首选。上身是一件女式西装，下身是一条半截式的裙子。有时候，也可以见到三件套的套裙，即女式西装上衣、半截裙外加背心。

套裙可以分为两种基本类型。一种是用女式西装上衣和随便的一条裙子进行的自由搭配组合成的“随意型”。一种是女式西装上衣和裙子成套设计、制作而成的“成套型”或“标准型”。

（1）怎么选套裙

在色彩方面以冷色调为主，应当清新、雅气而凝重。以体现出着装者的典雅、端庄和稳重。可以选择藏青、炭黑、雪青、茶褐、土黄、紫红等稍冷一些的色彩。最好不选鲜亮抢眼的。有时两件套套裙的上衣和裙子可以是一色，也可以采用上浅下深或上深下浅等两种不同的色彩，这样形成鲜明的对比，可以强化它留给别人的印象。

有时候，穿着同色的套裙，可以和不同色的衬衫、领花、丝巾、胸针、围巾等衣饰，来加以点缀，显得生动、活跃。为避免显得杂乱无章，一套套裙的全部色彩不应超过两种。

套裙要讲究朴素而简洁。一些以圆点、条纹图案为主的套裙，也可以穿着，但不能用花卉、宠物、人物等符号为主体图案。套裙上不要添加过多的点缀，否则会显得杂乱而小气。如果喜欢可以选择少而且制作精美，简单的点缀。

在套裙中，上衣和裙子的长短是没有明确规定的。上衣最短可以齐腰，袖长要盖住手腕。传统的观点是：裙短不雅，裙长无神。标准、理想、规范的裙长，应是裙子的下摆恰好抵达小腿肚子最丰满的地方。超短裙虽然已被人们所接受，但是出于自尊、自爱和职业道德方面的缘故，女士要注意，套裙中的超短裙，裙长一般以不短于膝盖以上15厘米为限。

（2）套裙怎么搭配

1）套裙应当协调妆饰。通常穿着打扮，讲究的是着装、化妆和配饰风格统一，相辅相成。穿套裙的时候应适当化个淡妆。选配饰也要少，合乎身份。在工作岗位上，不佩戴任何首饰也不是不可以的。

2）要穿衬裙。穿套裙就要穿衬裙，特别是穿丝、棉、麻等薄型面料或浅色面料的套裙时。可以选择透气、吸湿、单薄、柔软面料的衬裙，颜色上必须和外面套裙的色彩相互协调，可以是单色，如白色、肉色等。不要出现二者外浅内深的情况，也不要出现任何图案。裙腰不能高于套裙的裙腰，不然就暴露在外了。要把衬衫下摆掖到衬裙裙腰和套裙裙腰之间，不可以掖到衬裙裙腰内。否则走的时间一长，或是动作过大就会使衬裙裙腰重现。

（3）套裙鞋袜的选择

用来和套裙配套的鞋子，应该是皮鞋，并且黑色的牛皮鞋最好。和套裙色彩一致的皮鞋也可以选择。鞋子应该是高跟、半高跟的船式皮鞋或盖式皮鞋。系带式皮鞋、丁字式皮鞋、皮靴、皮凉鞋等，都不适合采用。

袜子，可以是尼龙丝袜或羊毛袜。但鲜红、明黄、艳绿、浅紫色的最好别穿。袜子有肉色、黑色、浅灰、浅棕等几种常规选择，最好是单色。高统袜或连裤袜，是和套裙的标准搭配。中统袜、低统袜，不可以和套裙搭配。袜子不能随意乱穿、不能当众脱下，也不可以把九分裤、健美裤等当成袜子穿。

另外把袜口暴露在外面，是一种公认的既缺乏服饰品位又失礼的表现。不仅穿套裙的时候要避免，穿开衩裙的时候更要注意。

要强调的是，穿套裙的时候有意识地注意一下鞋、袜、裙三者之间的色彩是否协调。鞋、裙的色彩应该深于或略同于袜子的颜色。不论是鞋子还是袜子，图案和装饰都不要过多。一些加了网眼、镂空、珠饰、吊带、链扣，或印有时尚图案的鞋袜，只能给人肤浅的感觉。一点图案和装饰都没有的鞋袜，穿起来效果反而更好。

（四）首饰与配饰

配饰和首饰也是一种无声的语言，能发挥着一定的交际功能，是普通着装难以替代的，往往起到“画龙点睛”的重要作用。

1. 首　饰

首饰已经成为大多数职业人士特别是女士经常使用的饰物。如果对首饰礼仪一无所知难免会弄巧成拙，难以让首饰发挥应有的作用。

（1）使用规范

工作场合，强调的是“严谨”、“规范”的职业精神。所以首饰的使用上也要遵循一定的规则。

1）数量以少为好，甚至不戴首饰。如果想同时佩戴多种首饰，最好不要超过三种。如果没有特殊要求，可以戴单一品种的戒指，或者是把戒指和项链、戒指和胸针、戒指和耳钉两两组合在一起使用。如果既戴了戒指、项链，又戴了胸针、耳钉，甚至再加上一对手镯和一副脚链，它们彼此之间就不好协调，看上去反而显得乱七八糟，有损形象。

2）同色同质。如果同时戴两件或两件以上的首饰，要求色彩一致、质地一致，托架也要力求一致。这样能让它们在总体上显得协调。

3）符合身份。选戴首饰，不仅要照顾个人爱好，更要服从自己的身份：工作场合、工作人员。所以，没有必要戴太高档的首饰，特别是珠宝类首饰。

4）为体型扬长避短。选择首饰要充分正视自身的形体特点，努力使首饰的佩戴为自己扬长避短。避短是其中的重点，扬长就要适时而定。比如圆型脸的女士，就不适宜再选用耳环。

5）要注意协调。所谓的协调，主要指两方面：①如果有条件的话，佩戴首饰要注意季节性，比如金色、深色首饰适合冷季佩戴，银色、艳色首饰适合暖季佩戴。②要和服饰协调。佩戴首饰，是服装整体中的一个环节。要兼顾同时穿着的服装的质地、色彩、款式、并努力让它们在搭配、风格上相互般配。

（2）佩戴禁忌

工作场合可以佩戴的首饰有：戒指、项链、耳钉、耳坠、发饰、领针等。选戴首饰的时候，要对不同的品种，进行不同的对待。

佩戴首饰的作用不是为了显示你的珠光宝气，而是要对你的整体服装起到提升、浓缩或扩展的作用，以增强整个人外在的节奏感和层次感。

切忌用首饰突出自己身体中不太漂亮的部位。比如脖颈上有赘肉和褶皱的女士，就不适合戴具有个性色彩的颈链，以免被人过多地关注脖颈；耳部轮廓不太好的，忌戴过于夸张的耳坠；手指欠修长，丰润的，不要戴镶有大宝石或珍珠的戒指。

1）戒　指

同样款式的戒指戴在不同的手指上，会产生不同的印象和效果。一般中指和食指给人较“男性化”、“中性化”印象，所以适合较小及富有个性的戒指；相对地，无名指和小指给人“女性化”印象，适合华丽、正统造型的戒指。

在戴戒指前我们有必要了解一些戒指语言。

拇指通常不戴戒指，其余四指戴戒指的寓意是：食指表示求爱或求婚；中指表示正在热恋中；无名指表示已婚；小拇指表示是单身或持独身主义。

戴薄纱手套的时候如果戴戒指，应该戴在手套里面，只有新娘才可以把戒指戴在手套外面。戒指的粗细，应该和手指的粗细成正比。表示已婚的结婚戒指，一般戴在左手无名指上。结婚戒指可以自己选择，也可以用前辈传下来的。世界公认钻戒是最正规的结婚戒指。从造型上讲，老年人戴的戒指应古朴庄重，年轻人可以佩戴小巧玲珑，比较艺术化的戒指。而从事医疗、餐饮、食品销售的服务部门的工作人员就不适合佩戴戒指。

2）项　链

有的项链下端往往带有某种形状的挂件，也就是链坠。男女都可以使用，但男士所戴的项链一般不要外露。不要戴多条项链。

项链的粗细，应该和脖子的粗细成正比。一般短项链大概的长度是40

厘米，适合搭配低领上装，中长的项链大概是50厘米，可以广泛使用。60厘米的项链适合女士使用在社交场合。

选择链坠的时候要力求和项链在整体上协调一致，不要选用过分怪异或令人误解的图形、文字的链坠，也不要同时使用两个或两个以上的链坠。

短项链适合颈部细长的人，最好是配V字领上衣。中长度项链尽量不要挂在领口边上，这样会显得土气，它适合搭配领口较宽大的衣服。长项链适合配戴在衣服外，并搭配款式较为简单的长套裙、长裤、长裙。

3）耳　饰

耳饰有耳钉、耳坠、耳环等款式，仅限女士所用，并且讲究成对使用，也就是说每只耳朵上均佩戴一只。耳坠、耳钉是佩戴在耳垂上的小而精美的钉状饰品，相对来说，更合适职业女士佩戴。它们不仅体现出女性美，同时也体现出干练和积极的态度。

4）胸针、领针、发饰的选择和佩戴

胸针男女都可以佩戴。当穿西装的时候，应别在左侧领上。穿无领上衣，要别在左侧胸前。如果发型偏左，胸针就要居右；如果发型偏右，胸针应当偏左。具体高度应在从上往下数的第一粒、第二粒钮扣间。在工作中如果要求佩戴身份牌或本单位证章、徽记上岗的话，就不要再戴胸针了。

领针专门用来别在西式上装左侧领上，男女都可以用。佩戴时戴一只就可以了，而且不要和胸针、纪念章、奖章、企业徽记等同时使用。不要佩戴有广告作用的别针，也不要别在右侧衣领、帽子、书包、围巾、裙摆、腰带等不恰当的位置。

发饰常见的有头花、发带、发箍、发卡等。通常，头花和色彩鲜艳、图案花哨的发带、发箍、发卡，都不要在工作场合佩戴。

5）手　表

工作场合佩戴手表，通常意味着时间观念强、作风严谨。而且，手表往往被看作首饰，它是一个人地位、身份、财富状况的体现。特别是男士的手表，往往引人注目。

工作场合佩戴的手表，在造型上要庄重、保守，避免怪异、新潮。尤其是位尊者、年长者更要注意。一般正圆形、正方形、长方形、椭圆形和菱形手表适用范围极广也适合在正式场合佩戴，颜色上要选择单色或双色手表，色彩要清晰、高雅，黑色的手表最理想。另外除数字、商标、厂名、品牌外，手表没必要再出现其他无意义的图案。怀表、广告表、卡通表等不适合职业人士使用。

（2）常见配饰

我们要介绍的常见配饰有：丝巾、围巾、帽子、手套、腰带、包等。

1）丝　巾

丝巾是职场女士的钟爱。利用飘逸柔媚的丝巾稍作点缀，在装饰的效果上就像蓝天上的彩虹般绚丽，使穿着更富韵味。

可以用丝巾调节脸部气息，比如红色系可以映得面颊红润；或是突出整体打扮，如衣深巾浅、衣冷色巾暖色、衣素巾艳。

佩带丝巾要注意：

如果脸色偏黄，不宜选用深红、绿、蓝、黄色丝巾；脸色偏黑，不宜选用白色、有鲜艳大红图案的丝巾。丝巾不戴的时候，平整地叠好放到抽屉里，也可以挂在光滑的衣架上，以免损坏或挂丝。

2）围巾、帽子、手套的佩戴

围巾一般在春冬季节使用的比较多。它的搭配要和衣服、季节协调。厚重的衣服可以搭配轻柔的围巾，但轻柔的衣服却绝不能搭配厚重的围巾。围巾在进入房间后就要及时摘掉，不然会让人产生压抑感。

帽子可以起到御寒、遮阳和装饰的作用。但工作场合的帽子不能过于夸张和怪异，而且要和自己的衣着打扮相适应。在工作场合，见面的时候彼此要脱帽致敬，女士的限制少一些，在公共场所也可以不脱帽。男士进入房间后就应该摘掉帽子，挂在衣架上，也可以拿在手里。

在西方传统服饰中，手套曾经是必不可少的配饰。现在，无论在哪里，手套除了御寒以外，就是为了保持手臂的清洁和防止太阳曝晒了。

和别人握手，不管冬夏，都要摘掉手套；女士握手，也可以不用脱手套，但摘掉手套显得更加礼貌；进屋以后，应该马上摘下手套；吃饭的时候，再昂贵的手套也必须要摘下。

3）腰　带

腰带更重要的是装饰作用。

男士的腰带一般比较单一，质地大多是皮革的，没有太多装饰，但有个“三一律”原则，就是在正式场合要求皮包、皮鞋、皮带三者的颜色要一致。如图 2–3。

女士的腰带很丰富，质地有皮革的、编织物的、其他纺织品的，款式也多种多样。在工作场合，女士腰带除了不要太多装饰外，还要注意：

①和服装协调搭配，包括款式和颜色，比如穿西服套裙一般要选择皮革或纺织的、花样比较少的腰带，以便和服装的端庄风格搭配；要是两件套的裙装，腰带的选择余地大一些；暗色的服装不要配用浅色的腰带，除非出于修正形体的需要。

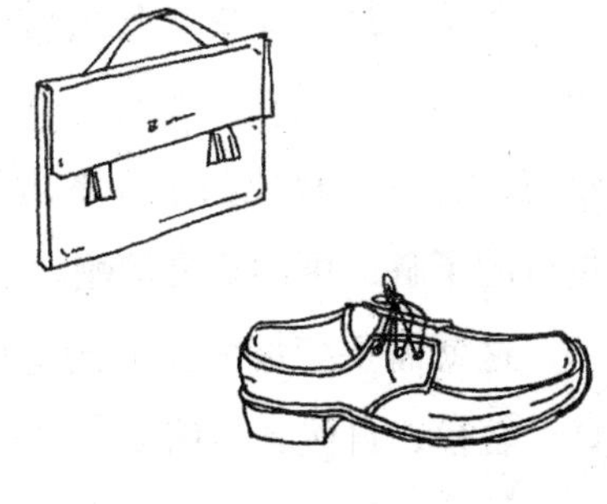

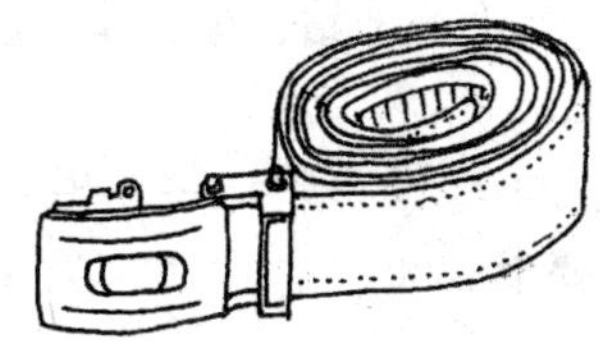

男士皮包、皮鞋、皮带颜色要一致

图 2–3

②要和体型搭配，比如个子过于瘦高，可以用较显眼的腰带，形成横线，分割一下，增加横向宽度；如果上身长下身短，可以适当提高腰带到比较合适的上下身比例线上，造成比较好的视觉效果；如果身体过于矮胖，就要避免使用大的、花样多的腰带扣（结），也不要用宽腰带。

4）女士包

女士的包，有别于男士的公文包，并且富于变化，无论是款式、大小、色彩、质地上，都有更多选择。

一般女士可以准备三个不同的包，用不同的包来搭配衣服或心情，所以包也就有了“女士的亲密战友”的美称。选择时一个是大而结实一点的包，上下班和工作时间用，必须实用，大小可以放得下 A4 纸大小的文件；第二个包是中等大小的；第三个是一个小巧的手包，里面只放少量的化妆品、钥匙、钱等东西，可以在出席正式场合用。选择时要考虑到颜色，要和平时穿着的大部分衣服的色彩相配。

三、基本仪态

美国心理学家梅拉比安曾经提出过一个非常著名的公式：人类全部的信息表达 =7% 语言 +38% 声音 +55% 仪态。这就说明，通过一个人常规的仪态，可以了解他的个人素质和思想感情。这种了解，往往比通过语言所进行的了解，更加值得信赖。

这就需要把握好我们的这种仪态，努力使自己的仪态体现出热情、友好、轻松、自然和自信。

（一）站、坐、走、蹲

无论是站、坐、走、蹲姿，都要符合端庄、文雅、得体、大方的整体要求。

1. 站　姿

良好的站姿能衬托出一个人的气质和风度。站姿不管怎样变化，都应表达出规范、优雅、大方、得体等这些积极的信息。

（1）站姿训练

站姿的基本要求是：挺直、舒展、线条优美、精神焕发。

正面看：要点是头正、肩平、身直。全身笔直，精神饱满，两眼正视，两肩平齐，两臂自然下垂，两脚跟并拢，两脚呈“V”状分开，脚尖张开 60 度，身体重心落于两腿正中。

侧面看：要点是含颌、挺胸、收腹、直腿。两眼平视，下颌微收，挺胸收腹，腰背挺直，手中指贴于裤缝，整个身体庄重挺拔。采取这种站姿，会使人看起来稳重、大方、俊美、挺拔，还有助于呼吸，改善血液循环并在一定程度上缓减身体的疲劳。

男士：体现刚健、潇洒、英武的风采，要力求给人一种“劲”的壮美感。双手相握、叠放于腹前，或者相握于身后。双脚可以叉开，与肩同宽。

女士：表现女士轻盈、妩媚、典雅、娴静的韵味，要努力给人以一种“静”的优美感。双手相握或叠放于腹前。双脚尖可以稍许张开。

练习站姿时应掌握的要领是平、直、高。

平：头平正、双肩一样高低、两眼平视，最好经常通过镜子来观察、纠正和掌握。

直：腰直、腿直。后脑勺、背、臀、脚后跟成一条直线。训练时可以靠墙壁站立，后脑勺靠墙，下巴会自然微收；腿膝尽可能绷直，往墙壁贴靠；脚后跟顶住墙，把手塞到腰、墙之间，如果刚好能塞进去就可以了；如果空间太大，可把手一直放在背后，弯下腿，慢慢蹲下去，蹲到一半时，多余的空间就会消失，然后再站直，体会正确直立的感觉。

高：重心上拔。练习方法是挺胸收腹，梗直脖子。在墙上吊一个物体，每当挺直上拔的时候，头顶刚好能触到它。

按照上述要领反复练习，日常生活中再加以注意，形成习惯，就一定会有一个显示良好风度和气质的站姿。

（2）站姿的变化

因为工作岗位和场合的不同，站姿一般有以下三种变化。

1）服务站姿

为客人提供服务时的站姿，俗称“接待员的站姿”。在接待客人的时候，站立的身前一般没有障碍物阻挡、受到他人的注视、与他人进行短时间交谈、倾听客人的诉说等，都可以采用这种站姿。

具体做法是头部可以微微侧向对方，面带微笑。手里可以拿着物品，也可以自然地下垂，或双手叠放在身体前面，表示“我随时为您服务”。要收腹、挺胸、抬头、提臀。这时候女士可以双脚一前一后站成“丁字步”：支撑脚脚尖指向前方，另一只脚脚跟贴着支持脚的二分之一处，脚尖向外展开 45 度，形成“丁”字形。这种站姿看上去十分优雅。脚尖也可以向外展开的度数小一点，形成优美的小丁字步。而男士站成“V”字步或两脚稍开立就可以了。

2）柜台接待站姿

这种站姿也叫长时间站姿、障碍物挡身时的站姿或稍息。如果长时间地采用标准站姿，难免会感到疲惫不堪。所以柜台工作的工作人员在情况允许时，可以采用正确地柜台接待站姿，自己可以稍作休息，也不会影响到服务质量。单位前台人员往往采用这种站姿。

具体做法是：

手脚可以适当地进行放松，不必始终保持高度紧张的状态。

可以以一条腿为重心，将另外一条腿向外侧稍稍伸出一点，叉开双脚。

双手可以指尖朝前，轻轻地扶在身前的柜台边上。

两膝要尽量伸直，不要弯曲。

肩、臂自然放松，挺直脊背。

3）恭候站姿

暂时没有客人需要接待时，或者恭迎客人来临的时候，都可以用这种比较轻松、舒适的站姿。不过，应当注意的是当客人就要或已经来到你面前，尤其是在你的下半身没有屏障遮挡的时候，就要立即恢复标准站姿。

具体做法是：双脚可以适度地叉开，两脚可以相互交替放松，当一只脚完全着地的同时，可以抬起另外一只脚的脚后跟站立休息。双腿可以分开一些，或者自由地进行十字交叉。双膝也可稍微地分开，但不宜离得过远。肩、臂要自然放松，手部不能随意摆动。上身依旧应当保持直挺，并且目视前方。头部不要晃动，下巴应避免向前突出。采用这种站姿的时候，尤其要注意：叉开的双腿不要反复不停地换来换去，否则会给人浮躁不安、极不耐烦的感觉。

2. 坐　姿

优雅的坐姿传递着自信、友好、热情的信息，同时也显示出高雅、庄重的良好风范，同样要符合端庄、文雅、得体、大方的整体要求。

女士坐姿有一个基本要求，那就是两膝不分开。当腿进入基本站立的姿态后，其中一条腿后撤，稍碰椅子，目的是感觉到椅子的存在，然后轻轻坐下来，两个膝盖一定要并起来，双腿可以一起放中间或一起放两边。如果想跷腿，两腿也要合并。如果裙子较短还要注意避免“跑光”。

男士坐的时候膝部可以分开一点，但不要超过肩宽，更不能两腿叉开过大，半躺在椅子或沙发里面。

怎样才有一个规范、优雅的坐姿？我们把坐姿进行一下分解：

1）入座的要求

首先出于礼貌，和客人一起入座或同时入座的时候，要分清尊次，一定要请对方先入座，而且不可以坐在桌子上、窗台上、地板上，或者沙发的扶手上。

一般讲究左入左出。就是如果条件允许，在入座的时候最好从座椅的左侧进去。这样做，是“以右为尊”的一种具体体现，而且也容易就座。坐的时候动作要轻，别坐得吱呀乱响，引得周围的人向你行“注目礼”。

入座一般要求用背部接近座椅。在客人面前就座最好不要背对着对方。你可以先侧身走近座椅，背对着站立，右腿后退一点，以小腿确认一下座椅的位置，然后随势坐下。必要时，用一只手扶着座椅的把手也可以。

2）离座的要求

离开座椅时，身边如果有人在座，应该用语言或动作向对方先示意，然后再站起身来，当跟客人同时离座，不要先于客人起身离座。离座的动作要轻缓，不要“拖泥带水”，弄响座椅，或将椅垫、椅罩掉在地上。

3）腿的摆放

一般入座以后，腿大多数情况下是暴露在别人面前。不管是从尊敬客人还是从坐得优雅舒适的角度来讲，腿的摆放都要多加注意。

“正襟危坐”式。适用于最正规的场合。要求是：上身和大腿、大腿和小腿，都应当形成直角，小腿垂直于地面。双膝、双脚包括两脚的跟部，都要完全并拢。如图 2–4。

垂腿开膝式。这是男士正规坐姿，要求上身和大腿、大腿和小腿都成直角，小腿垂直于地面。双膝允许分开，分的幅度不要超过肩宽。如图 2–5。

图 2–5

图 2–4

双腿叠放式。适合穿短裙的女士采用。要求是：将双腿一上一下交叠在一起，交叠后的两腿间没有任何缝隙，尤如一条直线。双脚斜放在左右一侧。斜放后的腿跟地面呈 45 度夹角，叠放在上的脚的脚尖垂向地面。如图 2–6。

图 2–6

双腿斜放式。它适合于穿裙子的女士在较低的位置就座时所用。要求：双腿首先并拢，然后双脚向左或向右侧斜放，力求使斜放后的腿部与地面呈 45 度夹角。如图 2–7。

图 2–7

双脚交叉式。它适用于各种场合，男女都可选用。双膝先要并拢，然后双脚在踝部交叉。需要注意的是，交叉后的双脚可以内收，也可以斜放，但不要向前方远远地直伸出去。如图 2–8。

双脚内收式。它适合在一般场合采用，男女都适合。主要要求是：两条大腿首先并拢，双膝可以略为打开，两条小腿可以在稍许分开后向内侧

图 2–8

屈回，双脚脚掌着地。如图 2–9。

图 2–9

前伸后曲式。是女士适用的一种坐姿。需要大腿并紧后，向前伸出一条腿，并将另一条腿屈后，两脚脚掌着地，双脚前后要保持在一条直线上。如图 2–10。

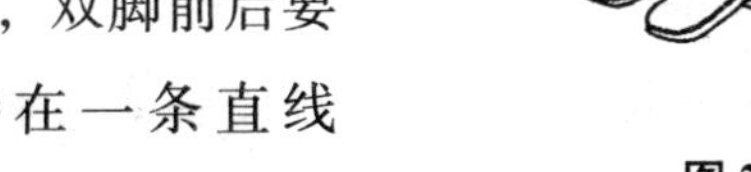

4）上身的姿势

坐好后，上身的姿势也很重要。

图 2–10

头部端正。不要在别人面前就座时出现仰头、低头、歪头、扭头等情况。整个头部应当如同一条直线一样，和地面相垂直。在写东西的时候，可以低头俯看桌上的物品，但在回答别人问题的时候，必须抬起头来，不然就带有爱理不理的意思。交谈的时候，可以面向正前方，或者面部侧向对方，但不能把后脑勺对着对方。

躯干直立。一般要坐椅面的 2/3 就比较合乎礼节了。在工作中需要就座时，通常不应当把上身完全倚靠着座椅的背部。可能的话，最好一点都不倚靠。交谈时，为表示重视，不仅应面向对方，而且同时要把整个上身朝向对方。

手的摆放。通常可以把手放在两条大腿上。可以双手各自扶在一条大腿上，也可以双手叠放或相握后放在腿上。侧身和客人交谈的时候，可以把双手叠放或相握地放在自己所侧一方的那条大腿或扶手上。一些穿短裙的女士面对男士就坐的时候，如果身前没有屏障，为避免“走光”，可以随手把文件放在并拢的大腿上。双手自然地或扶、或叠、或握着放在上面。如果身前有桌子，也可以把双手平扶在桌子边沿，或是双手相握放在桌上。

5）欠身致意

坐着的时候如果有人为你介绍，或者遇到熟人和朋友及同事时，可以欠身致意，上半身稍向前倾，不一定低头，面带微笑注视对方；欠身时只需稍微起立，不必站立。

3. 走　姿

走是站的延续动作，是在站姿的基础上展示人的动态美。无论是在日常生活中还是在服务工作中，走路往往是最引人注目的身体语言，也最能表现一个人的风度和活力。

（1）走姿训练

走的时候，头要抬起，目光平视前方，双臂自然下垂，手掌心向内，以身体为中心前后摆动。上身挺拔，腿伸直，腰放松，脚步要轻并且富有弹性和节奏感。

摆臂时，要前摆约 35 度，后摆约 15 度，手掌朝向体内；起步时身子可以稍向前倾，重心落前脚掌，膝盖伸直；脚尖向正前方伸出，行走时双脚踩在一条线的两侧上。

女士步履要匀称、轻盈，端庄、文雅，显示温柔之美。

可以将一本书放在头顶上，放稳后再松手。接着把双手放在身体两侧，前脚慢慢地从基本站立姿势起步走。这样虽有点不自然，但却是一种很有效的方法，关键是走路时要摆动大腿关节部位，而不是膝关节，才能使步伐轻捷。

（2）走姿特例

日常工作中，经常遇到的并有可能产生问题的，是走姿的一些特例。

1）陪同引导

陪同引导的时候，如果是在走廊或平地引领，双方并排走路时，陪同引导人员应在左侧。如果双方单行走路时，要在左前方约 2~3 步左右的位置。路上要注意适当关照客人。当被陪同人员不熟悉行进方向时，应该走在前面外侧；另外走的速度不可以我行我素，走得太快或太慢。每当经过拐角、楼梯或道路坎坷的地方，要提醒对方留意，使用手势，并提醒客人“请左拐”、“这边请”、“请小心，路滑”、“请您小心，这里地不平”等。在走的过程中要交谈或答复提问时，就要侧转身朝向对方。如图 2–11。

陪同的时候要注意关照好客人

图 2–11

2）上下楼梯

上下比较高的楼梯要注意：

减少楼梯上的停留。楼梯上的来往人很多，所以不要停在楼梯上休息、站在楼梯上和人交谈或是在楼梯上慢悠悠地走。

坚持“右上右下”。上下楼梯时，都不应该并排行走，而应当从右侧上，从右侧下。这样一来，有急事的人，便可得以快速通过。

注意上下次序。上下楼梯时，不要和客人抢行。上楼梯时，应请客人在先，下楼梯时自己在先，还要把有扶手的一侧让给客人。

3）进出电梯

使用电梯的时候要注意：

在乘电梯时碰上了并不相识的客人，也要以礼相待，请对方先进先出。如果是负责陪同引导对方，乘无人驾驶电梯时，应该自己先进后出，以方便控制电梯。如果是有人驾驶的电梯，都应客人、上司优先。

尊重周围的乘客。进出电梯时，要侧身而行，免得碰撞别人。进入电梯后，要尽量站在里边。人多的话，最好侧身站立，后进的人面向电梯门。下电梯前，要做好准备，提前换到门口，也不可在电梯内大声喧哗或嬉笑吵闹。

4）开关门

如果是外拉式门，先敲门，打开门后把住门把手，站在门旁，对客人说“请进”并施礼。进入房间后，用右手将门轻轻关上。请客人入座，安静退出。这时候可以用“请稍候”等语言。

如果是内推式门，先敲门，自己随门先进入房间。侧身，把住门把手，对客人说“请进”并施礼。轻轻关上门后，请客人入座。

出入房间的时候，特别是在进入房间前，一定要轻轻叩门或按铃，向房内的人通报一下。务必要用手来开门或关门。最好是反手关门、反手开门，这样才能始终面向客人。像一些用胳膊肘顶、膝盖拱、臀部撞、脚踢、蹬的方式关门都是不好的做法。当和别人一起进出房门，为表示自己的礼貌，要后进后出，请客人先进先出。当陪同引导客人的时候，还有义务在出入房门时替对方拉门或是推门。但在拉门或推门后要使自己处于门后或门边，不要挡住对方。

在向客人告别离开的时候，在细节动作上要注意，如果扭头就走就显得有些失礼了。可以后退几步，再转身离去。通常面向客人后退两三步就可以了。对客人越尊重，后退的步子就要越多。后退时步幅要小，脚轻擦地面。转体时，应该身先头后。如果先转头或头和身体同时转向，都不妥。和别人交谈的时候，上身转向对方。距对方较远一侧的肩部朝前，距对方较近一侧的肩部稍后，身体和对方身体保持一定距离。

4. 蹲　姿

蹲姿和坐姿一样，都是由站姿或走姿变化而来的相对处于静态的体位。工作场合、公众场合，使用蹲姿时都要注意，女士大腿应靠紧，男士可以适度地分开。还要注意不要突然下蹲，也不要蹲得离人太近，或者面朝向他人下蹲，或者下蹲时“走光”。

（二）手势礼仪

不同的手势，表达不同的含意。手势礼仪的基本要求是自然优雅，规范适度。不要给人留下“指手划脚”这样不好的印象。

1. 指引指示

对于指引要注意使用手掌，掌心向上，在指引过程中要站在被指引的物品或道路的旁边，面对指引对象，右手手臂自然伸出，五指并拢，掌心向上，手掌和水平面呈45度角，指尖方向指向所要指引的方向。以肘部为轴，朝一定方向伸出手臂。在指示道路方向时，手的高度大约齐腰。

在指示物品的时候，手的高度根据物品来定，手臂、手掌和物品呈直线就可以了。

2. 持　物

持物的手势，从礼仪的角度来说要注意以下几方面。

（1）稳　妥

用手持物的时候要在拿起的时候先感受一下物品的重量，根据重量选择不同的手势。可以使用双手也可以用单手，但重要的是确保物品的安全，做到轻拿轻放。当只需要用一只手持物的时候应该用右手。

（2）自　然

根据物品的重量、自身的能力和实际的需要，服务人员可以选择拿、捏、提、握、抓、扛、夹等不同的姿势。但一定要避免夸张和“小题大做”，同时也不要发出怪声。

（3）卫　生

持物的时候卫生是非常重要的一个部分，尤其在为客人拿的时候，切忌直接下手，也千万不要把手搭在杯、碗、碟、盘的边沿，更不能无意之间使手指浸泡其中。

（4）标　准

当用手持物品的时候，要注意讲究规范和标准。如：茶杯应该握杯耳、行李箱应该拎提手部分等。无论持物时用单手还是双手，拿东西时应动作自然，五指并拢，用力均匀。

3. 递物接物

递接物品时要注意以下几点：

（1）双手递接

作为对别人的尊重，在递接物品的时候应该双手递接。即使是不方便用双手递接，也一定用右手递接物品，不到万不得已，左手递接物品是失礼的表现。

（2）递接到位

递物品的时候，一定要递到对方手中，等对方拿稳后再放手。如果是特殊情况也要放在对方方便拿取的位置。在接物的时候也最好是用双手，接收物品后要立即答谢对方。

（3）主动上前

如果双方距离过远，自己应当主动上前。如果自己是坐着的话，在递接物品的时候要起立。伸手去够和抛掷物品都是极不礼貌的行为。

（4）方便接拿

在给对方递物品的时候，要考虑到对方方便接拿，要给对方留出接取物品的空间，不要让对方无从下手。递带有文字的物品，应该使之正面朝着对方。还有在递接带尖、带刃等物品，不可以把尖、刃朝向对方。无论是从安全角度还是从礼仪角度来说，都应该把尖、刃部分对着自己，并要以言语加以提醒。

（三）禁忌仪态

好的仪态能让别人充分感受到你的修养和风度，禁忌的仪态则会让人对你产生怀疑，从而影响进一步的交往。

秘书小周来公司时间不长，但却接到了好几起投诉。原来，这都是“眼睛”惹的祸。小周在接待的时候，不管是什么客人，她总是习惯性地上下打量人家；和别人说话的时候，她总不看别人，即使偶尔的看人，大多也用的是眼角的余光……

1. 禁忌眼神

双方交谈中，要经常保持双方目光的接触，长时间回避对方目光或是左顾右盼，是“心里有鬼”或是不感兴趣的表现。但如果一直用一种直勾勾的目光盯着对方，同样也是非常失礼的。

当双方都沉默不语的时候，应该把目光移开，以免因为一时没有话题而感到尴尬或是不安；当别人说错话或拘谨的时候，不要正视对方，免得对方误认为是对他的讽刺和嘲笑。

要让目光柔和地照在别人的脸上，而不是单单注视对方的眼睛，否则会给人一种死盯着不放，而且在瞪他或是不友善的感觉。也不要反复打量对方，不要长久注视陌生的异性。

和别人沟通的时候，注视别人的视线点应该落在以双眼为底线、以下唇为顶点的三角区域内。不要注视对方头顶、胸部、腹部、臀部、大腿或脚部和手部等“禁区”，否则会引起对方的强烈反感。

2. 禁忌手势

手势点到就行，适可而止。多余的手势，难免会给人留下装腔作势、缺乏涵养甚至歇斯底里的感觉。

和人交谈的时候，忌当众搔头皮、掏耳朵、抠鼻子、咬指甲、剔牙齿、手指在桌上乱写乱画、玩饰物、抬腕看表、拉袖子等。

和人交谈的时候，讲到自己不要用手指自己的鼻尖，而应用手掌按在胸口上。还有像公认的带有侮辱性的手势，如对着别人竖中指；谈到别人时用手指别人，在背后对人指点等都是不礼貌的，应避免。

避免交谈时指手划脚、手势动作过多过大。

不要摆弄手指。反复摆弄自己的手指，要么活动关节，要么捻响，要么攥着拳头，或是手指动来动去，往往会给人一种无聊的感觉，让人难以接受。

做指引指示时，最忌用食指指人，这是对别人的不礼貌。就像查点人数的时候，如果用“一指神功”来操作：“一，二，三……”这是对其他人的极端不尊重的表现。这个动作完全可以用整只右手手掌来处理，即拇指弯曲，其他四指伸直并拢，指向对方。

不要手插口袋。工作中，把一只手或双手插在口袋里的表现，会让人觉得工作上不尽力、偷懒。

3. 禁忌站姿

禁忌的站姿主要有：垂头而站，含胸而站，曲腿而站，双腿大叉而站，腹部松弛而站、耸肩、驼背而站，趴伏倚靠而站，全身乱动而站，公共场所勾肩搭背而站，手插进口袋而站，双手平端或抱在胸前而站……

4. 禁忌坐姿

禁忌的坐姿主要有：

架腿方式。把一条小腿架在另一条大腿上，两腿之间还留出大大的空隙，就显得有些放肆了。

双腿直伸出去。坐下后，不要把双腿直挺挺地伸向前方，这样既妨碍别人，也不雅观。

抖腿。坐着的时候不由自主地抖晃腿。这种动作会让人心烦意乱，更会给人留下不安稳的印象。

以鞋底示人或脚尖指向别人。不管是哪种坐姿，用脚尖指向别人，特别是把脚抬高使对方能看到鞋底或把脚尖指向别人，都是非常不礼貌的。如图 2–12。

以鞋底示人是极不礼貌的

图 2–12

把手夹在腿间。个别人坐下来后就很习惯的把一支手或双手夹在两腿之间，好像特别冷的样子，这一动作会使你显得胆怯或害羞。

上身向前趴伏。这种姿势就是在坐下来后上身趴伏在桌椅上或自己大腿上。这种高度放松的姿势不能出现在工作中。

5. 禁忌走姿

走姿中要避免：不抬脚、蹭着地走，耷拉眼皮或低着头走，抱肘、叉腰、手插在口袋而走，身子上下摆动，像鸭子一样，脚尖迈出去方向不正，成明显的外八字脚或内八字脚……

6. 其他禁忌

除了上面提到的内容外，还有一些仪态动作，如果一些不受欢迎的仪态，不注意处理，同样会给人留下“难忘”的印象。

在别人面前打喷嚏，是一件让自己和对方都尴尬的事情。要打喷嚏之前一般都有明确预感。所以，有预感的时候就立即去洗手间或没有人的地方解决。

在和别人说话的时候打哈欠，既不雅观、不礼貌，还会让人觉得你对这次的交谈心不在焉。避免在社交场合或在开会时打哈欠。喝浓茶或咖啡，都能帮助解除疲劳，提神醒脑。实在无法避免的时候，至少也要用手遮掩一下。

1. 女士怎样化淡妆？

2. 工作装穿着要注意什么？

3. 工作场合禁忌仪态有哪些？

第三讲

谋面礼仪

MOU MIAN LI YI

【案例鉴赏】

赵总脸色“转阴”了

刘兵和新同事小李来集团公司开会的时候，遇到了集团的赵总。刘兵赶紧远远地和赵总打了个招呼，赵总也和他点了点头。赵总正要转身走的时候，刘兵紧走两步向赵总伸出了手，赵总表现出一丝犹豫，但还是勉强地伸出了手。刘兵和赵总握手后，又赶紧给小李做介绍：“小李，这是咱们集团的赵总”。然后又转向赵总：“赵总，这是咱二公司人力资源部的小李”。敏感的小李明显感觉赵总的脸色有些“阴”了

其实，并不是和任何人、任何场合的见面，都需要握手、介绍这些程序。而且，握手和介绍的时候，有一个“尊者决定”的基本原则，也就是应该让地位高的人决定是不是伸手相握，介绍时也让尊者优先了解对方，即把位低者介绍给位高者。这样才是良好交往的开始。

所谓谋面礼仪，就是在与人交往的见面之初，举止言行方面应遵守的礼仪。可以说，你遵守了怎样的谋面礼仪，就是给对方留下了怎样的第一印象。

一、常见致意礼

所谓致意礼，就是见面时向对方表达问候、欢迎等的举止。

（一）握手礼

1972年，可以说是世界外交史上有着重要影响的一年。当美国总统尼克松走下飞机，与中国总理周恩来的手紧紧握在一起时，周恩来总理说："你的手伸过世界上最辽阔的海洋来和我握手！"随后，中美关系掀开了新的一页。

握手是世界上最通行的致意礼。握手是在相见、离别、恭贺或致谢时相互表示情谊、致意的一种礼节。握手，不仅是将尊敬、礼貌传达给对方，更是在握手过程中将彼此的诚意与友好表达了出来，拉近了彼此的距离。如图3–1。

握手是世界上最通行的致礼

图3–1

1. 何时握手

遇到较长时间没见面的熟人；

在比较正式的场合和认识的人道别；

在以本人作为东道主的社交场合，迎接或送别来访者时；

拜访他人后，在辞行的时候；

被介绍给不认识的人时；

在社交场合，偶然遇上亲朋故旧或上司的时候；

别人给予你一定的支持、鼓励或帮助时；

表示感谢、恭喜、祝贺时；

对别人表示理解、支持、肯定时；

得知别人患病、失恋、失业、降职或遭受其他挫折时；

向别人赠送礼品或颁发奖品时。

2. 如何握手

握手时，距对方约一步远，上身稍向前倾，两脚立正，伸出右手，四指并拢，虎口相交，拇指张开下滑，向受礼者握手。

掌心向下握住对方的手，显示着一个人强烈的支配欲，无声地告诉别人，他处于高人一等的地位。应尽量避免这种傲慢无礼的握手方式。相反，掌心向里握手显示一个人的谦卑与毕恭毕敬，如果伸出双手，更是谦恭备至了。平等而自然的握手姿态是两手的手掌都处于垂直状态。这是一种最普通也最稳妥的握手方式。

戴着手套握手是失礼行为，女士可以例外。当然在严寒的室外也可以不脱。比如双方都戴着手套，帽子，这时一般也应先说声："对不起"。握手时双方互相注视，微笑，问候，致意，不要看第三者或显得心不在焉。

除了关系亲近的人可以长久地把手握在一起外，一般握两三下就行。不要太用力，但漫不经心地用手指尖"蜻蜓点水"式去点一下也是无礼的。一般要将时间控制在三五秒钟以内。如果要表示自己的真诚和热烈，也可较长时间握手，并上下摇晃几下。

握手时两手一碰就分开，时间过短，好像在走过场，又像是对对方怀有戒意。而时间过久，特别是拉住异性或初次见面者的手长久不放，显得有些虚情假义，甚至会被怀疑为"想占便宜"。

握手时要注视对方的眼睛，表示诚意。同时不妨说一些问候的话，语气应直接而且肯定，并在加强重要字眼时，紧握着对方的手，来加强对方对你的印象。

3. 谁先伸手

长辈和晚辈之间，长辈伸手后，晚辈才能伸手相握；上下级之间，上级伸手后，下级才能接握；同等级别的男女之间，女方伸手后，男方才能伸手相握；当然，如果男方为长者，遵照前面说的方法。

如果需要和多人握手，握手时要讲究先后次序，由尊而次，即先年长者后年幼者，先长辈再晚辈，先老师后学生，先女士后男士，先已婚者后未婚者，先上级后下级。

交际时如果人数较多，可以只跟相近的几个人握手，向其他人点头示意，或微微鞠躬就行。为了避免尴尬场面发生，在主动和人握手之前，应想一想自己是否受对方欢迎，如果已察觉对方没有要握手的意思，点头致意就行了。

在公务场合，握手时伸手的先后次序主要取决于职位、身份。而在社交、休闲场合，它主要取决于年龄、性别、婚否。

在接待来访者时，这一问题变得特殊一些：当客人抵达时，应由主人首先伸出手来与客人相握。而在客人告辞时，就应由客人首先伸出手来与主人相握。前者是表示“欢迎”，后者就表示“再见”。这一次序颠倒，很容易让人发生误解。

应当强调的是，上述握手时的先后次序不必处处苛求于人。如果自己是尊者或长者、上级。而位卑者、年轻者或下级抢先伸手时，最得体的就是立即伸出自己的手，进行配合。而不要置之不理，使对方当场出丑。

4. 握手禁忌

我们在行握手礼时应努力做到合乎规范，避免犯下述失礼的禁忌。

不要用左手相握，尤其是和信仰伊斯兰教的人打交道时要牢记，因为在他们看来左手是不干净的。

在和基督教信徒交往时，要避免两人握手时与另外两人相握的手形成交叉状，这种形状类似十字架，在他们眼里这是很不吉利的。

不要在握手时戴着手套或墨镜，只有女士在社交场合戴着薄纱手套握手，才是被允许的。

不要在握手时另外一只手插在衣袋里或拿着东西。

不要在握手时面无表情、不置一词或长篇大论、点头哈腰，过分客套。

不要在握手时仅仅握住对方的手指尖，好像有意与对方保持距离。正确的做法，是握住整个手掌。即使对异性也应这样。

不要在握手时把对方的手拉过来、推过去，或者上下左右抖个没完。

不要拒绝握手，即使有手疾或汗湿、弄脏了，也要和对方说一下“对不起，我的手现在不方便”，以免造成不必要的误会。

（二）其他致意礼

除握手之外，以下这些致意礼也常见。

1. 点头礼

又叫颔首礼，它所适用的情况主要有：遇到熟人，在会场、剧院、歌厅、舞厅等不宜交谈之处，在同一场合碰上已多次见面者，遇上人多而又无法一一问候的。行点头礼时，应该不戴帽子。具体做法是头部向下轻轻一点，同时面带笑容，不要反复点头不止，也不必点头的幅度过大。

2. 招手礼

行招手礼的场合，和行点头礼的场合大致相似，它最适合向距离较远的熟人打招呼。行招手礼的做法是：右臂向前方伸直，右手掌心向着对方，其他四指并齐、拇指叉开，轻轻向左右摆动一两下。手不要上下摆动，也不要在手部摆动时用手背朝向对方。

3. 脱帽礼

戴着帽子的人，在进入他人居所，路遇熟人，与人交谈、握手或行其他会面礼，进入娱乐场所，升挂国旗，演奏国歌等情况下，要主动地摘下自己的帽子。女士在社交场合可以不脱帽子。

4. 注目礼

注目礼的具体做法，是起身立正，抬头挺胸，双手自然下垂或贴放于身体两侧，笑容庄重严肃，双目正视于被行礼对象，或随之缓缓移动。

在升国旗、游行检阅、剪彩揭幕、开业挂牌等情况下，适用注目礼。

5. 拱手礼

拱手礼，是我国民间传统的会面礼。现在它所适用的情况，主要是过年时举行团拜活动，向长辈祝寿，向友人恭喜结婚、生子、晋升、乔迁，向亲朋好友表示无比感谢，以及与海外华人初次见面时表示久仰大名。

拱手礼的行礼方式：起身站立，上身挺直，两臂前伸，双手在胸前高举抱拳，自上而下，或者自内而外，有节奏地晃动两下。

6. 鞠躬礼

鞠躬礼目前在国内主要适用于向他人表示感谢、领奖或讲演之后、演员谢幕、举行婚礼或参加追悼活动等。

行鞠躬礼时，应脱帽立正，双目凝视受礼者，然后上身弯腰前倾。男士双手应贴放在身体两侧裤线处，女士的双手下垂搭放在腹前。下弯的幅度越大，所表示的敬重程度就越大。鞠躬的次数，喜庆的场合下，不要鞠躬三次。一般追悼活动时才用三鞠躬的礼仪。

在日本、韩国、朝鲜，鞠躬礼应用十分广泛。

7. 拥抱礼

在西方，特别是在欧美国家，拥抱礼是十分常见的见面礼和道别礼。在人们表示慰问、祝贺、欣喜时，拥抱礼也十分常用。

正规的拥抱礼，讲究两人面对面站立，各自举起右臂，将右手搭在对方左肩后面；左臂下垂，左手扶住对方右腰后侧。首先各向对方左侧拥抱。然后各向对方右侧拥抱，最后再一次各向对方左侧拥抱，一共拥抱3次。

普通场合不必这么讲究，拥抱次数一下、二下、三次都行。

在我国，除某些少数民族外，拥抱礼不常采用。

8. 合十礼

合十礼，就是双手十指相合为礼。具体做法，是双掌十指在胸前相对合，五指手指并拢向上，掌尖与鼻尖基本持平，手掌向外侧倾斜，双腿立直站立，上身微欠低头。行礼时，合十的双手举得越高，越体现出对对方的尊重，但原则上不可高于额头。

行合十礼时，可以口颂祝词或问候对方。也可以面含微笑，但不应该手舞足蹈，反复点头。在东南亚、南亚信奉佛教的地区以及我国傣族聚居区，合十礼普遍使用。

9. 吻 礼

（1）亲吻礼

是一种西方国家常用的会面礼。它会和拥抱礼同时采用，即双方会面时既拥抱、又亲吻。

行亲吻礼时，通常忌讳发出亲吻的声音，而且不应将唾液弄到对方脸上。

在行礼时，双方关系不同，亲吻的部位也会有所不同。长辈吻晚辈，应当吻额头；晚辈吻长辈，应当吻下颌或吻面颊；同辈间，同性贴面颊，异性吻面颊。贴面颊的时候，先贴一次右脸，再贴一次左脸。

（2）吻手礼

主要流行欧洲国家。做法是：男士走到已婚妇女面前，首先垂首立正致意。然后以右手或双手捧起女士的右手，俯首以自己微闭的嘴唇，去象征性地轻吻一下其手背或是手指。

吻手礼的受礼者，只能是已婚妇女。手腕及其以上部位，是行礼时的禁区。

二、问 候

问候，也就是问好、打招呼。就是在和别人相见时，以语言向对方致意的一种方式。在有必要问候的时候，要注意问候的次序、态度、内容等三个方面。

（一）问候次序

如果同时遇到多人，特别在正式会面的时候，宾主之间的问候要讲究一定的次序。

一个人问候另一个人。一个人和另外一个人之间的问候，通常是“位低者先问候”。即身份较低者或年轻者首先问候身份较高者或年长者。

一个人问候多人。这时候既可以笼统地加以问候，比如说“大家好”；也可以逐个加以问候。当一个人逐一问候许多人时，既可以由“尊”而“卑”、由长而幼地依次而行，也可以由近而远依次而行。

（二）问候态度

问候是敬意的一种表现，态度上需要注意：

要主动。问候别人，要积极、主动。当别人首先问候自己之后，要立即予以回应，不要不理不睬摆架子。

要热情。问候别人的时候，通常要表现得热情、友好。毫无表情，或者表情冷漠的问候不如不问候。

要自然。问候别人的时候，主动、热情的态度，必须表现得自然而大方。矫揉造作、神态夸张，或者扭扭捏捏，反而会给人留下虚情假意的不好印象。

要专注。问候的时候，要面含笑意，以双目注视对方的两眼，以示口到、眼到、意到，专心致志。不要在问候对方的时候，眼睛已经看到别处，让对方不知所措。

（三）问候内容

问候内容上有两种形式，各有不同的适用范围。

直接式。所谓直接式问候，就是直截了当地以问好作为问候的主要内容。它适用于正式的公务交往，尤其是宾主双方初次相见。

间接式。所谓间接式问候，就是以某些约定俗成的问候语，或者在当时条件下可以引起的话题，主要适用于非正式、熟人之间的交往。比如：“忙什么呢”、“您去哪里”等，来替代直接式问好。

三、称谓和介绍

（一）称谓礼仪

称谓总的要求是："称谓得体、有礼有序、符合身份"。

1. 得体的称谓

可以对方的职业相称，也可以对方的身份相称。职务、职称最常见，如"仅称职务："经理"、"主任"等；职务前加上姓氏："朱总理"、"李局长"；职务前加上姓名，适用极正式场合："钱其琛副总理"；有职称的，特别是高、中级者，可直接以职称相称。不可为了套近乎在他人面前称自己的领导为"老王"、"老赵"等。在对方身份不明的情况下，以性别相称"某先生"、"某女士"、"某小姐"，如果对方是从事文化教育、艺术工作的知识份子，称为"某老师"比较妥当。对年长者称呼要恭敬，不要直呼其名，可以称呼"老张"、"老王"；如果是有身份的人，可以把"老"字和其姓倒置，这是一种尊称，如"张老"、"王老"。称呼时，可以借助声调、热情的笑容和谦恭的体态表示尊敬。对同辈人，可以称呼其姓名，有时甚至可以去姓称名；称呼时态度要诚恳，表情自然，体现出你的真诚。

在职场中，选择正确、适当的称呼，反映着自身的教养、对对方的尊敬，甚至还体现着双方关系发展所达到的程度和社会的风尚，所以不能过于随便。

2. 注意事项

以绰号相谓。在任何情况下，当面以绰号称呼他人，都是不尊重对方的表现。

地域性称呼。有些称呼，诸如，"师傅"、"小鬼"等，具有地域性特征，不宜不分对象地滥用。

简化不当的称谓。在正式场合，有不少称呼不宜随意简化。例如，把吴工程师称为"蜈蚣"、"范局长"称为"范局"就显得不伦不类。

以生理特征称谓。在工作中，如果以生理特征相称谓，是不尊重对方的表现，比如称呼：四眼、瘸子、胖子、瘦子等。

（二）介绍礼仪

介绍的礼节是行为大方得体。介绍的原则是将级别低的介绍给级别高的；将年轻的介绍给年长的，将未婚的介绍给已婚的，将男士介绍给女士，将本国人介绍给外国人。

人际交往中，特别是初次交往中，介绍是人与人之间相互沟通的出发点。介绍分三种：介绍自己、介绍他人、介绍集体。

1. 介绍自己

介绍自己按方式来说，又分为：给别人做介绍、被人介绍、自我介绍和介绍集体四种。

（1）给别人做介绍

要把某人介绍给别人的时候，顺序应该是：向年长者引见年轻者，不论男女都是按这样的顺序做介绍；向女士引见男士，向职位高的引见职位低的人，同时连同双方的单位、职称一起简单做介绍。在人数众多的场合，如果其中没有职位、身份特殊的人在场，又是年龄相仿的人聚会，则可按照一定的次序一一介绍。

为他人做介绍时，应简洁清楚，不能含糊其辞。介绍时，还可简要地提供一些情况，如双方的职业、籍贯等，便于不相识的两人相互交谈。在介绍之前，应该事先了解一下他们彼此是否都有想认识对方的愿望。在向他人介绍某人时，不要用手指指指点点，而应伸出右手，拇指微曲，其他四指伸直并拢，比如把张三介绍给李四认识的时候，上半身及面转向李四，把右手指向张三："李四，这是张三"，同时把上半身及面转向张三，同时把右手伸向李四："张三，这是李四"。

（2）被人介绍

当自己被介绍给别人的时候，要面对着对方，显示出想认识对方的诚意。等介绍完毕后，可以握一握手并说"你好、很高兴认识你，久仰大名、幸会幸会"等客气话，必要时还可以进一步做自我介绍。如果是一位男士被介绍给一位女士，男士就要主动点头并稍稍欠身，然后等候对方的反应。按一般规矩，男的不用先伸手，如果对方不伸手也就罢了。如果女士伸出手来，男士就要立即伸手相握。如果女士被介绍给男士，一般来说，女士微笑点头也就是合乎礼貌了。如愿意和对方握手，就可以先伸出手来。

在被介绍的过程中，双方都要热情得体、举止大方，在整个介绍过程应面带微笑。一般情况下，介绍时，双方应当保持站立姿势，相互热情应答、问候。

（3）自我介绍

想和某人结识，又没有合适的介绍人，就可以做自我介绍。做自我介绍时，可以主动打招呼说声“你好！”来引起对方的注意，然后说出自己的姓名、身份。也可以一边伸手和对方握手，一边做自我介绍。

自我介绍的具体形式有：

1）应酬式。适用于某些公共场合和一般社交场合，这种自我介绍最简洁，往往只包括姓名一项就行了：“你好，我叫周华。”

2）工作式。适用于工作场合，它包括本人姓名、供职单位及其部门、职务或从事的具体工作等：“你好，我叫尹永吉，是哈尔滨嘉仪文化总经理。”

3）交流式。适用于社交活动中，希望和交往对象进一步交流与沟通。内容应包括介绍者的姓名、工作、籍贯、学历、兴趣及与交往对象的某些熟人的关系：“你好，我叫刘燕平，我在未来之舟礼仪培训机构工作。我是李华的同事，还都是老乡。”

4）礼仪式。适用于讲座、报告、演出、庆典、仪式等正规而隆重的场合。包括姓名、单位、职务等，同时还应加入一些适当的谦辞、敬辞：“各位来宾，大家好！我叫刘琪，我是临沂未来之路的培训师。我代表公司热烈欢迎大家光临我们的座谈会，希望大家……。”

介绍自己的名字，也可以把自己名字的字具体说一下，特别要往正面的名人、大家都知道的事物上介绍，这样更能加深印象。比如叫“史鹏”，可以说“历史的史，大鹏展翅的鹏”，绝不能说“朋友的朋，右边有个鸟字”。比如姓陈，可以说“耳东陈”或者“陈毅的陈”，绝不能说“陈士美的陈”，这样的介绍会让人听了哭笑不得。

（4）介绍集体

介绍集体实际上是介绍他人的一种特殊情况，即被介绍的一方或者双方不止一个人。

介绍集体的时候，可以分为两种基本形式。

1）单向式。当被介绍的双方一方为一个人，另一方为多人的时候，往往可以只把个人介绍给集体，而不必再向个人介绍集体。这就是介绍集体的所谓单向式。

2）双向式。双向式，是指被介绍的双方都是多人所组成的集体。进行介绍的时候，双方的全体人员都要被正式介绍。在公务交往中，这种情况比较多见。它的常规做法，是应由主方负责人首先出面，依照主方在场者具体职务的高低，自高而低地依次对其进行介绍。接下来，再由客方负责人出面，依次介绍。

四、名片礼仪

名片，是现代职场交往中经济实用的交际工具。作为一种自我的“介绍信”和“联谊卡”，名片在因公交往中可以说明身份，联络老朋友，结交新朋友。

（一）名片的内容

工作场合的名片，按惯例应由具体归属、本人称呼、联络方式等三项基本内容构成。

具体归属由供职单位、所在部门等内容组成，二者要正式全称。但一枚名片上所列的单位或部门不宜多于两个。如果确实有两个以上的供职单位和部门，或同时承担着不同的社会职务，就要印制不同的名片，并根据交往对象、交际内容分发不同的名片。

本人称呼由本人姓名、行政职务、技术职务、学术头衔等几个部分所构成。但后面两项内容，尤其学术头衔往往可有可无。行政职务一般不宜多于两个。

联络方式通常由单位地址、邮政编码、办公电话、电子邮件等内容构成，家庭住址、住宅电话则不宜列出，个人手机号也没必要出现在工作名片上。至于传真号码、网址等根据需要是否列出。

名片上除了文字符号外不宜添加任何没有实际效用的、单位标志之外的图案。照片、漫画、花卉等内容不宜印在名片上（除非是从事漫画、摄影、花卉栽培等相关工作，为加强宣传的需要）。

字体应用汉字简化字，如无特殊原因不要使用繁体字。如果主要是少数民族工作者或涉外打交道的人可以酌情使用少数民族文字或外语。汉字和少数民族文字或外语同时印刷时，要把汉字印在一面，而把少数民族文字或某种外文印在另一面。不要用不好辨认的字体。

（二）功能与存放

1. 名片用途

在职场交往中，名片的用途主要有以下几种。

（1）自我介绍

工作场合初次见面，以名片作辅助性自我介绍，不但可以说明身份，强化效果，而且还能节省时间。

（2）结 交

主动把名片递给别人，意味着和对方的友好、信任和希望深交。所以，没有必要每遇见陌生人，就递自己的名片。

（3）业务介绍

公务式名片上有所属单位、地址等内容，所以利用名片也可以为本人及所在单位进行业务宣传，扩大交际面，争取潜在的合作伙伴。

（4）通知变更

利用名片，可以及时向老朋友通报本人的最新情况。比如晋升职务、变换单位、电话改号等等。

（5）拜会别人

初次拜访的时候，可以把自己的名片交给对方的接待者，由其转交给被拜访者，以便对方确认，决定见或不见。这种做法比较正规，可以避免冒昧造访。

（6）简短留言或短信

在名片的左下角，以铅笔写下几行字或短语，寄交或转交别人，就像一封长信一样正式。如果内容较多，也可写在名片背面。在国外，流行以法文缩略语写在名片左下角，以慰问、鼓励、感谢、祝贺他人的做法。常见的有：p.r. 表示："惩谢"；p.f. 表示："祝贺"；p.p. 表示："介绍"；n.b. 表示："提请注意"；p.p.c. 表示："辞行"；p.f.n.a. 表示："贺年"。

（7）作为礼单

向别人赠送礼品的时候，可以把自己的名片放入其中，或装进一个不封口的信封，再将该信封固定于礼品外包装的上方。把名片装入信封固定在礼品外包装处是表示"这是何人所送礼品"的标准做法。

（8）替人介绍

介绍某人去见另外一人，可以用回形针把自己名片与被介绍人名片（自己的名片放在上面）固定在一起，然后装入信封，再交给被介绍人。这是一封非常正规的介绍信。

2. 名片存放

随身所带的名片，最好放在专用的名片包、名片夹里，另外也可以放在上衣口袋里。不要把它放在裤袋、裙兜、提包、钱夹里，那样做既不正式，又显得杂乱无章，在自己的公文包以及办公桌抽屉里，也要经常备有名片，以便随时使用。

接过别人的名片看过之后，要精心放进自己的名片包、名片夹或上衣口袋内。也可以看了之后先放在桌子上，但不要随手乱丢或在上面压上杯子、文件夹等东西，那是很失礼的表现。

随着工作交往的不断深入，还可以在保存的名片上记一些可以供自己参考的资料。

（1）收到名片时的具体情况。包括收到名片的地点、时间，以及是否和对方亲自交换等。

（2）交换名片者个人的资料。例如性别、年龄、籍贯、学历、专长、嗜好等。

（3）交换名片者在交换名片后变化的情况，如单位、部门的变化，职业的变动、联络方式的改变等。

（三）交接与索取

1. 递交名片

除非自己想主动与人结识，否则名片务必要在交往双方均有结识对方并欲建立联系的意愿的前提下发送。以“幸会”、“认识您很高兴”等谦语体现出来。

发送名片要掌握适宜时机，一般在选择刚认识或分别的时候。不要在用餐、戏剧、跳舞之时发送名片。

递上名片前，要先向接受名片者打个招呼，让对方有所准备。既可以先作一下自我介绍，也可以说“可否交换一下名片”之类的提示语。如图 3–2。

图 3–2

交换名片，应由位低者向位高者发送名片，再由后者回复前者。但在多人之间递交名片时，一般以由近而远、按顺时针或逆时针方向依次发送。

2. 接受名片

别人递过来的名片，不论有多忙，都要暂停手里的事情，并起身站立相迎，面含微笑，双手接过名片。至少也要用右手，而不得使用左手。

接过名片后，先向对方致谢，然后将名片默读一遍，遇有显示对方荣耀的职务、头衔不妨轻读出声，以示尊重和敬佩。

接过名片后，要谨慎地置在名片夹、公文包、办公桌或上衣口袋之内。

接受对方的名片后，一般要即刻回给对方自己的名片。没有名片，名片用完了或者忘了带名片时，应向对方做出合理解释并致以歉意，切莫毫无反应。如必要可以在一张干净的纸上写上相关信息给对方。

有时候会这样的情况：在你递给对方名片的同时，对方也正递给你名片。这时候怎么处理？左右开弓，一手接、一手送？最适当的方式，就是先暂时放下自己的名片，接过对方的名片后，再递上自己的名片。

3. 索取名片

不赞成强索名片。如果想主动结识对方，或者想索取对方名片，可以采取下面的办法。

互换名片。主动递上自己的名片后，对方一般会回一张名片。如果担心对方不回送，可以在递上名片的同时说："能否有幸和您交换一下名片？"

语言暗示。也就是用含蓄的语言进行暗示。在向尊长要名片的时候可以说："请问今后我怎样向您请教？"向平辈或晚辈的时候可以说："请问今后怎样和您联络？"

有索就有拒。别人向你索取的时候，直接拒绝是不礼貌的做法。如果不想给对方的时候，要用委婉的方法表达。可以说："对不起，我忘了带名片"，或者"实在抱歉，我的名片用完了"。不过如果手里正拿着自己的名片，又被对方看见了，这样讲显得太不尊重对方了。

如果自己没有名片，而又不想直接说没有的时候，也可以用上面方法委婉表达。

五、公共场所

职场交往当中，在公共场所最容易让人放松并因此在不经意间产生失礼行为。

（一）收敛举止

控制音量。在公共场所说话要放低音量，不要大喊大叫。路上遇到熟人如果相距较远，又需要打招呼，可以挥手示意，或者紧走几步到他附近再喊，不要隔着很远就大喊大叫。公共场所接打手机，也同样要控制音量。

控制行为。在公共场所走路，要注意风度，不要摇来晃去、上窜下跳。请尊者走在马路里侧。如果道路比较窄，应该主动给其他人和各种车辆让路。不要随便毫无掩饰地在公共场所打喷嚏、擦鼻涕、吐痰。还要做到女士优先、领导优先，比如上下车、进出有人驾驶的电梯时，应礼让领导、女士，为他们做好协助。

公共场所不要失态。不要在公共场所高谈阔论，不要大声喊叫或逗笑，不要在公共场所脱鞋、换袜、伸懒腰等。不要乱扔瓜果皮壳、烟蒂、纸屑等杂物。咳嗽、打喷嚏时要用手帕掩住口鼻。

（二）注意公德

在公共场所，如果不小心碰、踩了别人，应该主动诚恳道歉。

养成把果皮、果核、烟蒂以及其他垃圾扔进垃圾箱的习惯，需要处理痰、涕的时候，应该用纸先包起来，再扔进垃圾箱。

不要把瓜果皮壳等垃圾直接扔在车内，也不要从车窗扔出去。

不要在身边有非吸烟人士的公共场合吸烟，即使没有禁烟标志。如果有禁烟标志，更不能吸烟。进入会客室、餐厅前应把烟掐灭。

每次用完洗手间后，都要放水冲洗干净再走，不要添脏添乱。

乘坐公共交通工具时，年轻人应该主动将座位让给老人、儿童、孕妇以及病人。

雨天乘车或进入房间，请带好伞袋，把雨伞放到事先准备好的伞袋里。

在公共交通工具里，应自觉保持安静，不要大声聊天。

废弃的物品要自觉放在垃圾箱里。阅读后的报纸或杂志要整理好，不要随便乱扔。

本讲要点提示

1. 握手礼的禁忌有哪些?

2. 介绍的顺序是怎样的?

3. 名片都有什么功能?

第四讲

迎来送往
YING LAI SONG WANG

【案例鉴赏】

小李的工作观

小李是某部委新到职不到两个月的员工。在这不到两个月的时间里，就数次接到群众的投诉。

原来，小李自以为是“国家干部”，对待来访、来办事的普通群众爱理不理、态度非常冷淡。他认为：既然来政府部门工作，如果还陪着笑脸、“低三下四”地接待，那岂不成了侍候他们了？！再说了，每天的工作都不清闲，哪还有那么多精力去陪笑脸？

甚至有一次一位白发苍苍的老人来办事，在小李面前一直站着说话、半蹲着身子写材料前后近半小时，而小李则抖着腿，有一搭没一搭地应付着，更不用说起身请老人坐下说话、给老人端杯水了。

正好局长巡视路过，在月末的大会上点名，严厉地批评了小李。局长说这样的接待行为无疑严重影响了政府形象，决不允许这样的行为再发生……

人在职场，迎来送往是基本工作内容。无论是接待拜访，还是宴请馈赠，或是出差在外，如何在这些场合应对得体，使迎来送往更具交际效果，毫无疑问是我们应认真考虑的。

一、接待礼仪

接待是职业人士的一项重要工作内容。接待有两种情况：一种是日常接待，也就是不需在人力、物力上做特殊准备的接待工作，这种接待随时都有。另一种是隆重接待，这种接待需要物质上做准备、人员上做调配，比如要有交通工具迎送、专门的接待人员等。但不论哪种接待，都是希望来访者能乘兴而来，满意而归。为达到这个效果，在接待过程中就要遵守平等、热情、友善、礼貌的工作原则。

（一）日常接待

1. 待客礼仪

接待来访者，要熟知“三 S”，即 See、Smile、Stand up。

看到客人来的时候，应以笑脸、起身相迎，同时问候客人，伸手相握，同时说：“您好，我是 ×××”，然后伸手相握，请对方到会谈的地点落座后，再交换名片。

对于重要的客人，如果事先知道对方具体到的时间，也可以提前到门口迎接。

如果自己有事暂不能接待来宾，要事先安排好其他人员出面接待。不能冷落了来宾，也不能让来宾找不到人。

接待过程中，陪客人走路，一般要请客人走在自己右边。主陪人员要和客人并排走，不能落在后面；其他陪同人员走在客人和主陪人员身后。在走廊里，应走在客人左前方几步。转弯、上楼梯的时候，要回头以手示意，有礼貌地说声“这边请”。乘电梯的时候，如果有司机掌控电梯，要请客人先进；没有司机，则自己先进，然后让客人进。到达的时候请客人先出。到达接待室或领导办公室，要对客人说“这里就是”或“这里是×××办公室”。要先敲门，得到允许再进；门如果是向外开的，应该请客人先进去；向里开的，自己先进去，按住门，再请客人进。

要认真倾听来宾的叙述。日常往来都是“无事不登三宝殿”，来宾都是为了某些事情而来，因此应尽量让他们把话说完，并认真倾听。

对来宾的意见和观点不要轻率表态，应思考后再作答复。对不能马上答复的或超出自己职权范围的，要约定一个时间再联系。

对能够马上答复的或立即可办理的事，应当场答复、迅速办理，不要让来宾无谓地等待。

正在接待来宾时，有电话打来，应尽量让其他人接。实在不行，应先向来宾表示歉意，然后简短地结束电话。如果又有新的来访者，可以先让其他人代为接待。

对来宾的无理要求或错误意见，要有礼貌地拒绝，没有必要刺激来宾，使其尴尬。

如果要结束接待，可以婉言提出借口，如“对不起，我要参加一个会，看来今天只能谈到这儿了”等，也可用起身的身体语言告诉对方就此结束这次的接待谈话。

2. 敬茶礼仪

一般的来访，特别是有约在先的来访，敬茶是起码礼貌。如果有选择余地，告诉客人都有哪些茶，征询他们的意见。

倒茶的时候，要掌握好茶水的量，“茶满欺人，酒满敬人”，茶水倒入杯中七八分满就可以了。

端茶要注意。要双手给来宾端茶。对有杯耳的杯子，通常是用右手抓住杯耳，另一只手托住杯底，从来宾的右后方送上茶水。站到来宾右后方的时候同时说：“对不起，打扰一下”之后再说“请用茶”，或者说“请您用茶”或“请喝茶”作为提醒。切忌用手指捏住杯口边缘往来宾面前送。敬茶要先客后主。如果是多位来宾，就要依职位高低顺序分别、依次上茶。

如果不方便，也可以按座位顺序上茶。

续水时，如果是带盖的杯子，则要用右手拿着茶杯盖子，如果要放在茶几上，把盖口朝上。

如果用一次性杯子，最好同时用杯托。对重要来宾，最好使用有杯耳、杯盖的瓷杯。同一批客人都要用一样的杯子。

招待茶点的时候，最好把茶点装在托盘里，再送到客人面前或旁边的茶几上或桌子上。茶水饮料最好放在客人的右前方，如果有点心、糖果之类，则最好放在客人左前方。

3. 送客礼仪

来宾告辞，一般应婉言相留。来宾要走，应等来宾起身后，再起身相送，不要来宾一说要走，主人就站起来。送客的时候，不要主动与客人伸手相握，否则有催对方快走的嫌疑。送客一般应送到门口，对重要客人也可以送到大门口，目送来宾至少走出 50 米之后再转身返回。

要目送客人一段再返回

图 4–1

即使只把客人送到办公室门口，也要目送客人走出至少 20 米远再转身返回，不要在来宾刚走出几步，就听见身后“砰”地一声关门，让对方觉得自己是不受欢迎的人。如图 4–1。

（二）隆重接待

1. 准备工作

隆重接待需要做五方面的准备。

（1）布置场所

整齐干净的环境会让来访者感觉舒适、规范、郑重其事的感觉。如果要张贴欢迎海报、横幅，一定要张贴在显眼的地方。还可以适当准备一些水果、饮料、茶具。

（2）了解来访者的情况

比如来访者的人数（包括具体的几男几女）、身份、所搭乘的交通工具、到达的具体时间，甚至还应该包括饮食习惯、民族以及宗教信仰。这样的话就方便安排接待、住宿、用餐，以及可以一定程度上规避忌讳、冲突的发生等。了解来访者的具体身份，也便于安排接待规格。

（3）安排接待人员

负责接待的人员，要品貌端正、举止大方、口齿清楚，具有一定的文化素养，最好受过专门的礼仪训练。接待人员要保持形象清新、整洁。女接待员应化上淡妆，也可以用一点清淡的香水。

（4）选择住宿地

为客人选择住宿地点，既要考虑来宾的身份，又要符合本单位的具体规定。另外，选择的住宿地要考虑到交通、环境、卫生、饮食、气温、朝向等因素，还要考虑到来宾有无特殊的宗教信仰或生活习惯。如果是外宾，应优先考虑安排他们入住国际连锁酒店，这样无论在环境、语言还是饮食上，更符合他们自己的习惯。

（5）自我情况的了解

要考虑到此次接待将要讨论的问题，对于客人谈什么，怎么谈，承诺什么，怎样承诺，询问什么，怎么询问等问题，要做到心中有数。这样的话，当谈到这些问题的时候，才能迅速、规范地做出反应，以免被动。

如果要安排献花的话，则必须用鲜花，一般都用花束，但不宜用黄色的菊花。应安排年轻的女员工给来宾献花。

2. 接待规格

接待的规格要根据客人的具体情况而定，不必过高，但也不能过低。一般来说，以接待者身份和来访者身份对等就行了。接待规格必须事先确定，安排好接待人员，否则客人到来后会造成没人照顾的尴尬场面。

接待规格主要有以下三种。

（1）高规格接待

即接待人员比来访人员身份高的接待。对于十分重要的来访人员，或是来洽谈十分重要的事宜，都可以做高规格接待，领导要适时出面做陪。

（2）对等接待

即接待人员和来访人员身份大体相等的接待。这是接待工作中最常见的。来客是什么级别，本单位也安排相应级别的人接待做陪。

（3）低规格接待

即接待人员是比来访人员身份低的接待。单位与单位之间的因公常规接待，大都是低规格接待。这种接待要特别注意热情、礼貌，否则很容易让人觉得有种受冷落的感觉。

3. 现场接待

要掌握客人到达的时间，保证提前在迎接地点等候，让客人等候是非常失礼的。

接站时最好准备一块迎客牌，上书“欢迎某某”，同时高举迎客牌，这样既便于让客人看到，又能给客人以良好的第一印象。

接到客人后，应致以问候和欢迎，同时做自我介绍。问候语要得体适当。可说：“路上辛苦了！”、“欢迎你到某市”等。在参加迎送的主要领导人与客人握手后，负责献花的人就要将鲜花双手捧上。

问候寒暄之后，要主动帮客人提取装卸行李。拿行李的时候，不要拿客人的公文包或手提包，因为里边一般是放贵重物品或隐私物件的。

上车的时候要让客人先上，打开车门，并用手示意，等客人坐稳后自己再上。应该请客人坐在后排座的右侧，自己坐在左侧。如果客人由领导陪同，就请领导坐在客人左侧，自己坐在前排司机的旁边。如果客人或领导已经坐好，就不必再换。在客人入座后，不要从同一车门随后而入，而应该关好门后从车尾绕到另一侧车门入座。

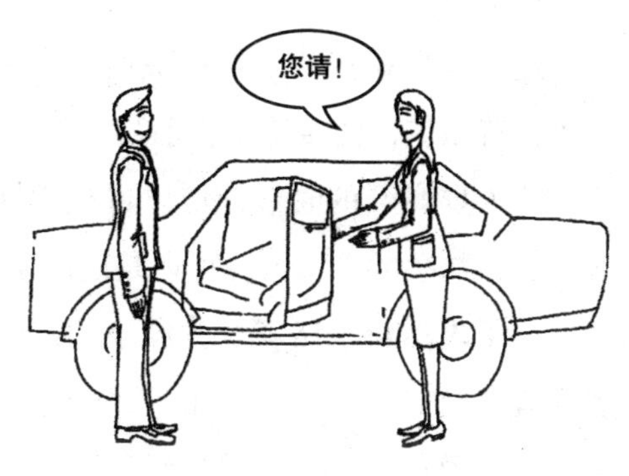

接待应主动为客人打开车门

图 4–2

在接客人去酒店的回程途

中，要主动询问客人在此逗留期间有无私人活动需要代为安排。可以在路上把日程、活动安排介绍给客人。如果还有时间，而客人又有兴趣的话，可以介绍一下沿途的景致。如果感觉客人很疲倦，在简明地介绍过日程活动安排之后，就请客人休息，不要再打扰了。

下车的时候，自己先下，为领导或客人打开车门，请他们下车。如图4–2。

如果是多位来宾，如果需要共同组合住双人房间的话，应把情况向客人说清楚，并由其自由组合。

把客人送到酒店房间后，接待人员应记下客方联络人的联系方式、房间号及房间电话，并告知下次何人、何时来拜会他们，之后就可以离开了。

4. 安排探望

接待人员应及时把来宾入住的情况、主要联络人的姓名、职务、房间号、电话号码等信息提供给相关人员。在来宾稍事休息后，相关人员应立即择时前来探望。从来宾入住，到主人方前来探望的时间不宜间隔太长，太长了会显得不礼貌；也不能太短，太短了，也许来宾还没来得及放下行李，有的女来宾还要换一下服装或洗脸后略施淡妆。在来宾入住的两个小时来探望比较合适。对于这一点，也应该事先让来宾知道，以便让他们心里有数。

5. 送客礼仪

送客礼仪是接待工作的最后一个环节。如果处理的不好，就将影响到整个接待工作，使接待工作前功尽弃、功亏一篑。

客人要离开的时候，可以再礼貌性地进行挽留。送行的时候，最好由客人已经熟悉的人士送，可以是同级别的，也可以是身份低一点的。

为了表达对来访者及其同事的友好感情，可以在恰当的时候告诉来访者代表你向他们问好，比如：“请向贵公司全体同仁问好！”、“祝贵公司生意兴隆，财源茂盛！”、“周经理这次没来真是可惜，回去一定替我问周经理好啊！”等。对于比较重要的来访者，条件许可的话还可以为来访者或其同事赠送一份土特产或纪念品。

分手的时候再说一些诸如“慢走！”、“走好！”、“再见！”、“欢迎下次再来。”、“合作愉快！”、“祝一路平安，万事如意”等道别的话。不应说“一路走好”等容易引起误会的话。

如果送客到车站、码头，就要等车、船开动并消失在视线以外再走；送到机场的话，要等来访者通过安检之后再走。因为安检容易出现诸多问题，经常需要协助。

如果来访者是乘飞机的话，送别的时候切忌说“一路顺风”，这是乘飞机的大忌，而应该说“一路平安”。如果你有特殊的原因不得不提前返回，一定要向对方说明理由，请求谅解，否则，是很失礼的。到车站、码头或机场送别的时候，不可以表现得心神不宁或频频看表，以免使人误解为催他赶快离开。

二、拜访礼仪

拜访和接待一样，都是经常性工作。那么怎样让拜访做得更得体、更具效果呢？

（一）事先预约

拜访别人，不管是熟悉的还是不熟悉的，提前预约是起码礼貌，以便对方安排日程。预约的时候要注意。

1. 约定时间

就是要约定在双方特别是对方合适和方便的时候，并协商决定做客的具体时间和大概的持续时间。如果由自己提议见面时间，也必须考虑对方的时间安排，并同时提供几种时间段供对方选择。

在一般情况下，要避免对方认为不合适的时间，如繁忙的工作时间、节假日、凌晨与深夜、常规的用餐时间和午休时间，都不宜作为拜会时间。繁忙的工作时间一般是指每个月月初和月尾，每周的周一上午和周五下午等。

2. 约定地点

拜会的地点可以是拜会对象的工作地点，也可以是其私人住所，或者在环境优雅安静的咖啡厅、茶馆等。

3. 约定人数

在预约的时候，宾主双方都要事先向对方通报届时到场的具体人数及其各自的身份。宾主双方都要尽量避免在拜会中安排对方不喜欢甚至极为反感的人。

一般情况下，双方参与拜访的人员及其数目一经约定，便不宜随意变更。做客的一方要特别注意，切勿在没有告知主人的情况下随意增加拜会的人员，以避免给主人已有的安排计划造成不必要的干扰，影响拜访的效果。

4. 准时赴约

拜访要严格遵守约定的时间。如果确实出现特殊情况需要推迟或者取消拜会，必须尽快通知对方并表示歉意。当再次和对方会面的时候，还应该对上次的失约再次表示歉意，并向对方说明原因。此外，登门拜访尽量准时到，不要提前太早到达，否则会让对方措手不及，出现令双方尴尬的局面。如果还太早，可以在约定地点周边稍等一下，等时间差不多再去见拜访人。

（二）做好准备

拜访前需要做以下三方面的准备。

1. 准备名片

名片是自己身份的代表，交换名片也能更加获得对方的好感和信任。所以，在拜访之前，务必要准备、检查一下自己的名片。既要看有没有准备好名片，还要看你所带的名片是不是适合这次拜访。当然，如果只有一种名片就没有是否适合的问题了。

2. 准备材料

去拜访总有明确的目的性，为使所要表达的内容准备全面，事先应该给自己列一个提纲。还有诸如建议书、洽谈书、协议备忘录、单位介绍、其他材料等其他书面资料。准备充足的书面资料，能够说明你的诚意，也足以能使你在拜访中有条有理、主旨分明，大得印象分。

3. 注意仪表服饰

拜访前要对自己的仪表服饰做些准备。衣服要端庄、整洁。男士最规范的是穿西装，女士最规范的是穿套装。要以干净整齐、端庄文雅的外表，给对方留下良好的印象。不适宜的服装会让别人怀疑你的诚心，认为你不重视他，不尊重他，会让对方认为你是随便拜访来的。

（三）做客之道

来到拜访单位后，要跟接待人员或是秘书人员说清楚：你是谁，是和谁预约好的，并请其转达、通报。

接待或秘书把你引领到指定地点、见到被拜访者的时候，不要忘记对接待或秘书人员道谢。如果没有接待或秘书引领的话，来到被拜访者办公室外，在进门前要先轻声地敲门或按门铃。敲门应是有节奏的、速度适中的“当、当、当”三下，不能猛敲。即使门是开着的，也要站在门旁轻轻敲门，获得允许后再进。

前往拜会对象的办公地拜会，一般不必携带礼品。但如果是私人居所，可以适当准备一些小礼物，如鲜花、水果、糖果、书籍等。在进门之后，应立刻向主人奉上自己的礼物，不要等到告辞时再说。

如果戴着手套或是帽子，进屋后一定要脱掉。有时候还要脱下大衣和围巾。雨天携带雨伞的话，进屋后就应该用自己带来的雨伞套装好，或是询问接待人员、秘书或被拜访者雨具该放在什么地方。

如果随身携带了公文包，应该放在自己的座位旁、脚下，不要随意摆放，不可以直接摆在桌子上，除非对方要求你这么做。

在进入被拜访者的办公室后，要主动和对方打招呼问好，有其他人在场要点头致意，如果被拜访者不主动介绍，不要主动询问别人和被拜访者的关系以及来访的原因等。

如果和被拜访者不太熟悉的话就要做自我介绍，介绍自己的姓名和单位，以及拜访的目的。同时，还要呈上自己的名片。

被拜访者请你入座的时候，要道声“谢谢”，应邀就座，进入室内之后，不要见到座位就马上坐下，而应坐在主人指定的位置。就座的时候，最好和其他人，特别是主人一起落座，不要见座位就坐。

拜访礼仪强调“客随主便”，以充分体谅被拜访者。例如：被拜访者没有邀请你参观他们的其他办公室或设施，不要主动提出参观，更不能未经许可到处乱窜或是东张西望。

在别人办公室乱翻乱动，是对别人的不尊敬。即使去拿书刊杂志翻阅，也要征求一下意见。

当接待人员、秘书或被拜访者给你奉茶的时候，要立即欠身双手相接，并致谢。如果茶水太烫，要等晾凉了再喝，必要时也可以把杯盖揭开，不要一边吹一边喝。把杯盖放到茶几上的时候，要盖口朝上。喝茶时要慢慢品饮，不要一饮而尽，也不要啜出声音。

递烟的时候，如果不会抽也不想抽，也要致谢：“谢谢，我不会抽”。如果主人没有递烟，也就不要主动吸烟。

（四）适时告辞

适时告辞。一般来讲，由于双方事先已经定好了拜访时间的长短，就要有时间观念，到点就应该告辞，而不应该聊个不停，影响主人的其他安排。如果双方事先没有约定会见时间的长短，一般应以一小时左右为限。当宾主双方都已经谈完该谈的事情，就要及时起身告辞。

如果遇见有其他人来拜访对方，也应该尽快告辞，以免给主人的接待工作造成不便。

如果在拜访中发生一些不愉快的事，要善于控制自己的情绪，不要随意表示不满或厌烦。

如果主人留自己用餐，不能吃完就走，如果确实有事要走，要说明原因并请求主人的原谅，然后再向主人告辞。

离开时要主动告别，不辞而别是不礼貌的。道别时要向在座的其他人都致意。出门后，要请主人止步并道谢，如说声“谢谢您今天的热情接待”、“请留步”等，切忌不和主人打招呼就扬长而去。道别的时候要和主人握手告别并感谢主人的热情招待，但也不要让主人送出很远，或是在门口停留过长时间。

如果拜访时主人恰好不在，最好留下自己的姓名、地址、电话号码或双方联系方法，以便和主人进一步联系。

提出告辞的时候，被拜访者往往会说上几句“再坐坐”之类的客套话，那往往也只是纯粹的礼节性客套。所以如果没有非说不可的话，就要毫不犹豫地起身告辞。

准备告辞的时候，最好不要选择在被拜访者或其他人说完一段话之后，因为这会使人误以为对他的那段话听得不耐烦。所以最适合的告辞时间，是在你自己说完一段话之后。同时，告辞前千万别打呵欠，伸懒腰。

另外，如果遇到下面四种情况，也要及时“知趣”而退。

（1）双方话不投机，或当你说话的时候，被拜访者反应冷淡，甚至不愿答理。

（2）被拜访者站起身来，或是把你们的谈话总结了一下，并说出以后可以再继续交流的话。

（3）被拜访者虽然显得很“认真”，但反复看手表或时钟。如图 4–3。

（4）快到休息或就餐时间。到了休息时间，毫无疑问就应告辞了。除非你想要请对方吃饭，或者对方请你吃饭，否则在快到就餐时间的时候，就要准备告辞了。

反复看表等于在下逐客令

图 4–3

告别前，应该对被拜访者的友好、热情等给以适当的肯定，并说一些“打扰了”、“添麻烦了”、“谢谢了”之类的客套话。如果必要，还可以说些诸如：“这两个小时过得真快！”、“和您说话真是一种享受”、“请您以后多指教”、“希望我们以后能多多合作”等话。起身告退的时候，如果还有其他客人，即使和这些客人不熟悉，也要遵守

"前客让后客"的原则，礼貌地向他们打招呼。

如果被拜访者送的话，送上几步后，你可以说上一句"请留步"之类的客套话，这时候就可以主动向被拜访者伸出手相握，以示告别。

三、交谈礼仪

常言道："言为心声"。交谈并不仅仅说事情，更应通过交谈增进感情的沟通，这样才能为交谈的效果加分。

（一）交谈的障碍

很多人之所以总是与他人交谈不畅，往往就是总有交谈的障碍——不能够用耐心、关心的态度听对方所说的话，别人一开口或者刚说了一半就认为明白了对方要表达的意思。从而不能完整地理解或者曲解了对方的意思，这样交谈的结局往往就是在心中产生了隔阂，甚至不欢而散。

大人们开玩笑地问一个小孩：一架飞机在空中遇到了问题，上面的人必须离开才安全。但飞机上只有一把降落伞你会怎么办？"我背上它跳下去！"孩子的这句话刚说完，于是就有大人开始批评这个孩子太自私。孩子委屈得哭了：我只是想背上它跳下去找人来救大家……

交谈是双向的沟通、交流。不能一味地用我们一惯的想法去猜度别人。在交谈中，如果都能够耐心地听，带着同理心去听，无疑会获得一个融洽、和谐的交谈氛围。

（二）交谈的技巧

1. 选择恰当话题

俗话说"话不投机半句多"。在聊天、寒暄的时候，如何找到合适的话题并进行愉快交谈，是非常重要的。

（1）轻松的主题

比如文艺演出、旅游观光、风土人情、流行时尚、文学、艺术、历史、哲学。这一主题的前提最忌讳不懂装懂，贻笑大方。特别是有些专业性较强的内容，向对方请教然后倾听也是一种很好的交谈方式。因为大部分的人都有被请教或诉说的欲望。

（2）根据性别选主题

女士的性情比较温柔内向，在言谈举止上，很少像男士那样爽朗直露，在言语的反应上也比较敏感，不似男士大大咧咧，对一些过头话也不会在意。所以女士对衣食住行及身边琐事的话题感兴趣，而男士上至天文、下至地理、国内外大事、世上珍闻趣话，都可以神侃一通。所以，同女士交谈，神态更应随意、谦和一些，语气更应委婉、含蓄一些。对于女士比较忌讳的婚姻、家庭、年龄、收入、个人生活等隐私问题，最好不要涉及，以免造成误解和不快。

（3）根据年龄选主题

不同年龄层次的人，个人的生活经历不同，学识、志趣、修养也不一样，因此谈话的内容和方式应有所区别。青年人血气方刚，一般说话少有顾忌，夸夸其谈，但见解不一定独到或者正确。中年人经常阅历较多、心理压力较大，内心世界要复杂得多，一般讲话比较谨慎，在话题的选择上也更实用些，如了解社会治安状况、时事动态等。老年人阅历丰富，见多识广，但一般都沉默寡言，很少流露，只有在激发对方的兴奋点（比如“想当年”的话题）时，才会海阔天空、滔滔不绝，而且喜欢说教式的说话。

2. 讲究语言艺术

说话和蔼、亲切、中听，就显得热情、诚恳、尊重人、关心人，这样会与他人的思想感情容易疏通，达到共鸣。同样一句话，不同的语气产生不同的效果，稍不注意就会引起歧义，甚至引起不必要的误会。为了使自己的谈话引起注意又显得谈吐得体，一定要在声音大小、轻重粗细、高低快慢上有所注意，做到和蔼可亲，同时避免说脏话、粗话和别扭话。

和他人说话，措辞委婉、贴切、得体，尽可能把“硬梆梆”的话、不乐意听的话，说得得体、中听。比如在建议、要求或者有求于人时，应该多用祈使的语气，让对方从感情上、心理上觉得他是重要的、主动的。

比如:"明天下午材料发给你"和"材料我们最迟明天下午就发给您，好吗？"这两句话基本意思一样，但从感情色彩、心理接受度上却完全不一样。

电视剧《西游记》中，里面的仙、人或是妖，都说唐僧三个高徒"相貌丑陋"，每次都说得他们不甚高兴。但师徒四人见到唐太宗之后，唐太宗则评价"几位高徒果然相貌不凡"，大家相谈甚欢。

3. 语言清晰明白

说话言辞要美，礼貌的谈吐、和蔼的态度虽然重要，但措辞是否清晰准确，表情达意是否明白也是很基本的要求。

只有语言清晰明白，才能真正方便他人的理解。无论是解答他人的问题，还是对对方提出建议帮助，都少不了简洁清晰的言辞。如果含糊不清，无法表明自己意见，不能使对方明白自己的意思，就没有了良好沟通的基础。

4. 记住并称呼对方名字

我们都有这样的经验，即便是在喧嚣的大街上，如果有人喊我们的名字，声音再小，也能让我们竖起耳朵。因为名字对自己来说很特别，它比其他的话都更容易通过我们的感觉过滤网。同样，在交谈中如果别人提到你名字，你会对此做出无意识的、积极的反应。如果你提到对方的名字，他们也会在无意间产生积极的反应。在交谈中提到对方的名字，表明你不仅关注对方，而且注意到并且记住了他们的名字，对他们很尊重、很在意。

5. 适时提出问题

工作场合是因公而谈，参与谈话是每个人的义务。除了让对方充分发表观点，尊重别人的意见和建议外，还要学会适时发问，比如:"您看呢？"、"您觉得怎样？"、"是不是这样？"等。

发问多选在自己希望了解有关情况、对方对它已有见解或对方希望就有关问题发表看法、谈话缺少内容或显得呆板、需要对有关问题进行深入探讨等时机。

6. 学会倾听

善于说是一种天性，而认真倾听是一种修养，是成功谈话的一个要诀。它体现了对他人的尊重，它能创造一种和对方心理交融的谈话气氛。

（1）专注有礼

和别人谈话的时候，要目视对方，全神贯注。还可以通过点头、微笑及其他身体语言的运用，使对方感觉到这一点。对外界造成的种种干扰，要尽量做到视而不见、听而不闻。主观上产生的心理干扰，也要尽量控制。一个出色的聆听者，本身即具有一种强大的感染力，能够引起对方的谈话兴趣。

（2）呼应配合

当对方讲到精彩处的地方，可以鼓掌响应；当对方讲到幽默的地方，可以以笑回应；对方讲到紧张的时候，要避免弄出声响；当交谈者所表达的观点和自己的一致，还可以轻轻点头以示赞同。呼应配合在某种程度上可以极大调动说话人的情绪。

（3）正确判断

为使信息接受得更准确，对一些重要意见，最好能得到对方的认可，比如“您的意思是说……”、“我理解你的意思是……”。如果符合对方的意图，便会得到首肯；如果不符，对方会给你解释，这样的话，还会给对方留下一种你听得很认真的良好印象。

总之，在和别人交谈的时候，要时刻不忘律己、敬人，在礼仪上尽量做得中规中矩，需要自己“说”的时候是这样，需要自己“听”的时候也要这样。

（三）交谈的禁忌

交谈中，避免交谈的禁忌是成功交谈的起码要求。这些禁忌有：

触及个人隐私。特别是双方初交，有关年龄、收入、婚恋、健康、经历等，如果不是对方主动提出来，就不要谈论。

非议别人。无论是长者、名人或是双方都熟悉的人，都不要去议论，特别是隐私和缺点，否则会给别人留下庸俗无聊、拨弄是非的印象。

内容有错误倾向。当前社会认为倾向错误的主题，如违背社会伦理道德、生活堕落、政治错误等主题，要避免不谈。

内容令人反感。如不小心谈到一些让对方伤感、不快的话题，要立即将其转移，必要时向对方道歉，如疾病、挫折、死亡等。

独白。既然交谈讲究双向沟通，在交谈中就要目中有人，礼让对方，要多给对方发言、交流的机会。不要一人独白，“独霸天下”。普通场合的小规模交谈，以半小时以内结束为宜，最长不要超过 1 个小时。如果人多，在交谈中每个人的发言，最好不要超过 5 分钟。

插嘴、抬杠。出于对他人的尊重，别人讲话的时候，尽量不要中途打断或是和人争辩。这是有悖交谈主旨的。

冷场。冷场是交谈中非常让人尴尬的事情，特别对于来访者来说，冷场就像给人脸色看一样使人坐立不宁。交谈中从头到尾保持沉默，不置一词，会使交谈变相冷场，破坏现场的气氛。不论交谈的主题与自己是否有关，自己是否有兴趣，都要热情投入、积极配合。万一交谈时因他人原因致使冷场，应该努力“救场”，转移旧话题，引出新话题。如果有冷场的情况，接待者一定要找话题、主动搭话。

说“你错了”。谈论某个话题的时候，即使对方的观点错了，也不要直接说“你错了”之类的话。如果你这样说了，不但改变不了对方的态度，反而会招致对方的反感甚至敌对的情绪。

四、差旅礼仪

出差在外和单纯的个人旅游不一样，出差往往代表的是单位，所以如何遵守差旅礼仪，是必须重视的问题。

（一）乘火车

要等火车停稳后，在指定车厢排队上车，不应从车窗上车。有次序地进入车厢，并按要求放好行李，较大行李应放在行李架上，不应放在过道上或小桌上。

坐下的时候可以向旁边的乘客点头示意。如果对方没有想和你聊天的意思，不要去打扰人家。

在座位上，如果把鞋脱了，伸出脚搁在对面座位上，这样自己当然是舒服了，但这样很不雅观，更是对对面的乘客极大的不尊重，尤其是一些乘客的脚有异味时。

在车厢里应自觉保持安静，不要大声聊天。在座席车上休息，不要东倒西歪，不要卧倒于坐席上下、茶几上、行李架上或过道上。不要靠在他人身上，或把脚跷到对面的座席上。有吸烟习惯的人，不要在车厢内吸烟，要到列车的吸烟区或两节车厢间的过道去。

不随地吐痰，不乱扔果皮纸屑。废弃的物品要自觉放在垃圾箱里。阅读后的报纸或杂志要整理好，不要随便乱扔。

去餐车用餐时，如果人数过多，应耐心排队等候。在用餐时，应节省时间，不要大吃大喝，猜拳行令。用餐完毕，应即刻离开，不要在此休息、聊天，影响别人来用餐就座。

下车时，应自觉排队等候，不要拥挤，或是踩在座椅背上抢行或从车窗下车。

（二）坐飞机

登上飞机后，要把随身携带的手提箱、衣物等整齐地放进上方的行李舱中，以免东西掉下来砸到其他乘客。飞机起飞前乘务员来检查行李是否放好的时候，要予以积极配合。

登机坐下来后就要把安全带系好，等待起飞。可以向旁边的乘客点头示意。如果对方没有想和你聊天的意思，不要去打扰人家。

飞机起飞前，一般都会播放安全注意事项。一定要保持安静，仔细聆听。即使已经对安全注意事项非常熟悉，也不要在这时候和旁边的人说话，因为或许对方是第一次乘飞机。需要知道安全注意事项，飞机起落时要扣好安全带、将座椅靠背放直、不要在飞机的起飞后和落地前使用手机。

在飞机上要服从空乘人员的安排和指挥，不能无理取闹，更不应提出不合理要求。

如果必须经常离开座位去洗手间或到处走动，在上飞机之前应该申请一个靠走廊的座位，否则进进出出会给别人增添很多麻烦。如果事先没有得到靠走廊的座位，上飞机后可以请乘务员协助调换。

飞机机舱内通风不好，所以不要在登机前过多使用香水，也不要使用味道浓烈的化妆品。

尊重空乘人员。不要把乘务员当成私人保姆，也不要故意刁难。即使有意见，可以向航空公司有关部门投诉，不要在飞机上与乘务员大吵大闹，以免影响旅行安全。

夜间乘坐飞机的时候，注意关闭阅读灯，以免影响其他乘客休息。

飞机上两排座椅之间的距离通常比较狭窄，假如座椅靠背放得很低，后面乘客的腿便很难伸开。在旅途中如果想把座椅靠背向后放下，应当先和后面的人打声招呼，看看后面的人是否方便。进餐时要将座椅靠背放直。

保持卫生间清洁。占用卫生间的时间不要过长，不要在卫生间内没完没了地化妆或梳头。

在飞机没有完全停稳之前不要快速站起，这样很不安全。要等信号灯熄灭后再解开安全带。下飞机时不要拥挤，应当有秩序地依次走出机舱。

（三）住酒店

酒店住宿，如果是己方承担费用并自己选择酒店，既要在费用上、规格上符合单位规定，不能超标，也不应一味省钱而有损单位或者自己形象，还要考虑到交通因素。

在酒店里住宿，对于自己所遇到的一切人，都应以礼相待。在通过走廊、进入电梯或是接受酒店里所提供的各项服务时，要懂得礼让他人。对于为自己服务的酒店工作人员，要充分尊重和体谅。

酒店是休息的场所，所以，保持肃静是基本要求。在酒店内部的公共场所，一定要注意调低自己说话的音量，走路轻手轻脚。即使是在自己的房间里，也要应当保持安静，不制造与周围环境不和谐的噪音。

在卫生方面，住宿酒店时注意的问题主要有：在酒店里，包括在自己的房间里，最好不要吸烟。在酒店里明文规定禁止吸烟的公共场所，更要自觉遵守。不要在自己的客房里洗涤、晾晒个人衣服，更不要悬挂在公用走廊里，或是临街窗户外，阳台上。不要在自己的客房里乱丢扔私人物品，或是把废弃物扔到地上和窗外。

不允许把客房或酒店里其他场所的公用物品，随意带走，占为己有。

还要遵守其他规定或惯例。比如不允许在自己的房间里生火做饭，不允许客人身着内衣、睡裙、背心、裤衩之类的“卧室装”在酒店内的公共场所活动，不去素不相识的其他客人房间串门，或是邀其一起娱乐等。有些高档酒店往往还有一些其他规定，比如：不允许住客在自己的客房里，随意留宿其他外来人；要分清哪些是额外收费的用品并自觉遵守（如有额外收费的用品，上面会有价格标签）；不提倡在自己房间里会晤来访者，特别是异性来访者。会客可以去酒店的前厅或咖啡厅；不提倡互不相识的客人相互登门拜访等。

五、用餐礼仪

虽然现在很流行将交谈沟通的第三地点选择在环境优雅的咖啡厅、茶室等地方，但我们大多数的人还是习惯于在餐桌上交谈沟通。

“你在品味食物，别人在品味你”。如何在餐桌上体现自己的见识和修养，是每位职业人士不得不面对的问题。

（一）如何请客

邀请客人吃饭可以加深和客人之间的感情，拉近彼此的关系，同时还可以把一些关于工作中的洽谈带到餐桌这种比较轻松的氛围中来。

1. 怎么邀请

邀请吃饭前提是你确实想请对方，而不是为了说几句客气话。可以参考下面几种方法：

（1）把交谈的时间安排到离吃饭较近的时间段。如果想中午请吃饭，可以十点半、十一点开始面谈。这样，大家在不知不觉中，就“正巧”到了吃饭时间。这时候再提出邀请，对方在几番礼节性地推辞后，也往往乐于顺水推舟。

（2）在与对方合作的工作成交的时候，就势邀请客人一起吃饭，这个时候通常客人也是非常乐意赏脸的。

（3）工作完成以后，为了表达对对方的谢意，可以邀请。对于这样的邀请一般都会欣然接受的。

（4）也可以在工作时间之外，以私人交往的名义请对方吃饭。可以说：听说他们附近有家餐馆挺不错，以你个人名义请他一起来坐坐。

2. 选择饭店

选择什么样的饭店，必须要考虑到对方的身份，及你们之间的关系。如果对方有一定身份，或者如果你们之间将有重要的合作，同样也可以选择稍高档些的饭店。如果只是一般应酬，选择档次中档、有特色菜或招牌菜的饭店。无论如何，夜市、大排档、快餐店都不是请客的地方。

应该选择在包间宴请，特别是重要的客人。即使人数再少，也要选择不易受干扰的地方就餐。

选择饭店必须要考虑环境。因为吃饭并不仅仅是为了“吃东西”，更是“吃文化”。如果是幽雅的环境，不仅能增加食欲、使心情放松，还为彼此的沟通和交流创造了一个良好的外在氛围。否则，无疑会使请客的效果大打折扣了。

（二）点菜和敬酒

1. 如何点菜

应该请客人先点菜，如果客人谦让点菜权，主人也不必过于勉强。

自己点菜前，应该对客人的饮食偏好和禁忌——比如宗教方面的饮食禁忌，不同的地区的饮食偏好，个别人的饮食禁忌等有所了解，以免好心办坏事。

如果不是用套餐或包桌的话，可以点饭店的招牌菜或特色菜。如果请的是外地客人，完全可以点本地特色菜。

不能为了讲排场、装门面，而在点菜时大点、特点，甚至乱点一通，这样不仅浪费，而且还会招人笑话。只需点一到两个有特色、上档次的菜，不需要每个菜都很贵，最好不要同时点几道同类型的菜，或如果是同类型的至少在做法上要有明显区别。而且菜的数量上要先评估预算，一般主菜要比客人多一个到两个，配一个冷盘和一道汤就足够了。

假如你是被请的客人，点菜的时候就可以告诉对方你没有特殊要求，请对方随便点，不能报有“不吃白不吃”的心态。其实，这种“要求”既是对主人的体谅，又是非常受欢迎的做法。

点完菜要询问客人用什么酒水。如果客人不想喝酒，可以考虑来点啤酒或者红酒。如果完全不用酒，可以点一下果汁、饮料。

一般来说，白酒的价格最好单瓶不要超过这顿饭预算的1/3~1/2。如果喝葡萄酒就要注意和菜的搭配。原则上是“白肉配白酒，红肉配红酒”。白葡萄酒适合于开胃菜等小菜或者虾、螃蟹、贝类、鱼等菜。炖牛肉等味浓的肉食菜，配红葡萄酒。

2. 如何敬酒

敬酒是宴会必不可少的程序，敬酒的时候要注意：

（1）怎么斟酒

敬酒之前需要斟酒。按照规范来说，除主人和服务人员外，其他宾客一般不要自行给别人斟酒。如果主人亲自斟酒，应该用本次宴会上最好的酒斟，宾客要端起酒杯致谢，必要的时候应该起身站立。

如果是大型宴会，都应该是服务人员来斟酒。斟酒一般要从位高者开始，然后顺时针斟。如果不需要酒了，可以把手挡在酒杯上，说声“不用了，谢谢”就可以了。

别人斟酒的时候，也可以回敬以“叩指礼”。特别是自己的身份比主人高的时候。即以右手拇指、食指、中指捏在一起，指尖向下，轻叩几下桌面表示对斟酒者的感谢。

酒倒多少才合适呢？白酒和啤酒可以斟满，葡萄酒就不用斟满。

（2）何时敬酒

敬酒应该在特定的时间进行，并以不影响来宾用餐为首要考虑。

敬酒分为正式敬酒和普通敬酒。正式的敬酒，一般是在宾主入席后、用餐前开始就可以敬，一般都是主人先敬，同时还要说规范的祝酒词，这种祝酒词内容可以稍长一点，但也就是在五分钟之内讲完。而普通敬酒，只要是在正式敬酒之后就可以开始了。但要注意是在对方方便的时候，比如他当时没有和其他人敬酒，嘴里不在咀嚼，认为对方可能愿意接受你的敬酒。而且，如果向同一个人敬酒，应该等身份比自己高的人敬过之后再敬。

如果你是重要的客人或是主宾，要回敬主人一杯。可以在主人敬酒时立即回敬。一般情况下，别人给你敬酒的时候，不要同时给对方敬酒。

（3）敬酒顺序

敬酒按什么顺序呢？一般情况下应按年龄大小、职位高低、宾主身份为序，敬酒前一定要充分考虑好敬酒的顺序，分明主次，避免出现尴尬的情况。即使你分不清或职位、身份高低不明确，也要按统一的顺序敬酒，比如先从自己身边按顺时针方向开始敬酒，或是从左到右、从右到左进行敬酒等。

（4）敬酒举止

无论是主人还是来宾，如果是在自己的座位上向集体敬酒，就要求首先站起身来，面含微笑，手拿酒杯，并且面朝大家。如图 4–4。

当主人向集体敬酒、说祝酒词的时候，所有人应该一律停止用餐或喝酒。主人提议干杯的时候，所有人都要端起酒杯站起来，互相碰一碰。按国际通行的做法，敬酒不一定要喝干。但即使平时滴酒不沾的人，也要拿起酒杯抿上一口装装样子，以示对主人的尊重。

除了主人向集体敬酒，来宾也可以向集体敬酒。来宾的祝酒词可以说得更简短，甚至一两句话都可以。比如：“各位，为了以后我们的合作愉快，干杯！”

平时涉及礼仪规范内容更多的还是普通敬酒。普通敬酒就是在主人正式敬酒之后，各个来宾和主人之间或者来宾之间可以互相敬酒，同时说一两句简单的祝酒词或劝酒词。

别人向你敬酒的时候，要手举酒杯到双眼高度，在对方说了祝酒词或“干杯”之后，再喝。喝完后，还要手拿酒杯和对方对视一下，这一过程才结束。

敬酒时要站起来面含微笑手拿酒杯

图 4–4

敬酒无论是敬的一方还是接受的一方，都要注意因地制宜、入乡随俗。如果酒量欠佳事先就要诚恳说明。其实对于宾主双方来说，应该是“喝好”，而不是“喝倒”。所以，在餐桌上向人灌酒是非常不妥的行为。

主人亲自向你敬酒干杯后，要回敬主人，和他再干一杯。回敬的时候，要右手拿着杯子，左手托底，和对方同时喝。干杯的时候，可以象征性和对方轻碰一下酒杯，不要用力过猛，非听到响声不可。出于敬重，可以使自己的酒杯较低于对方酒杯。如果和对方相距较远，可以以酒杯杯底轻碰桌面，表示碰杯。

（5）祝酒词

无论是正式敬酒还是普通敬酒，都应该有祝酒词。

普通敬酒词。普通敬酒的时候，祝酒词非常简单、随意，比如：“祝咱们合作愉快”、“很高兴认识您”、“为我们的愉快合作，干一杯”等。要求内容健康、积极，避免低级、庸俗。

正式敬酒的祝酒词有一定要求，内容应该包括感谢来宾、举办这次宴会的原因，提议干杯等三大部分内容。

正式的祝酒词范文如下：

各位来宾：

中午好！

感谢各位来宾光临今天的北京未来之舟十周年纪念仪式，感谢郝主任、李书记、李主任和张顾问，谢谢你们的光临。

至诚至信、专业敬业是未来之舟生存的基础，也是未来之舟成功的保证。我们这个团队一定会把未来之舟在现有基础上发展成更具影响力的礼仪培训机构，为北京乃至中国的经济建设事业尽一份绵薄之力。

我们希望，在今后的工作中，在座的各位嘉宾能够继续给予未来之舟一如既往的关怀和指导。谢谢各位。

让我们共同举杯，为各位来宾的身体健康，干杯！

（三）特殊场景

对餐桌上的特殊场景，有效、从容地应对，能体现出职业人员良好的教养和深厚的社会阅历。

1. 手提包放哪儿

在欧美，带手提包的人入座后，通常直接把手提包放在脚边的地板上。由于他们对手提包的处理是如此，所以，把手提包放到桌上，对他们来说就像把脚丫子放到桌上的感觉一样。

按这个惯例来说，手提包不可以放在餐桌上。

手提包可以放到背后和椅子之间或大腿上（餐巾下）。

也可以请大家把包集中放在一张椅子上，或是挂在皮包架上。

2. 碰到主人做感恩

很多有宗教信仰的人，都有在餐前感恩祷告的习惯，这个习惯即使在工作用餐中往往也不例外。

为了表示对主人及其习惯的尊敬，这时候，来宾都应该和主人一样。感恩祷告前，不要吃喝任何东西，安静地低着头。直到祷告结束，再把餐巾放在膝上，开始用餐。

3. 有不爱吃的菜怎么办

应该说餐桌上的任何一道菜都是主人精心安排的，但不一定都是每个人所喜欢的，但主人的这份心意无论如何都不能抹煞。

所以，即使餐桌上有你并不喜欢的菜肴，也要象征性地动一动，吃一点，以示对主人热情款待的接受和感谢。

4. 塞牙或有异物进嘴

如果蔬菜叶子或肉丝钻到牙缝里，不要在餐桌上马上张开嘴就剔，可以喝口水试试看；如果不行，就去洗手间，这样你就可以用力地漱口，也可以用牙签协助。如果遇到不好吃的食物或异物入口，千万要注意不要引起别人的不快，但也不必勉强把不好的东西吃下去。可以用餐巾盖住嘴，赶紧吐到餐巾上，让服务人员换块新的餐巾。如果食物中有石子等异物，可以悄悄地用拇指和食指取出来，放在盘子的一旁。或者干脆去洗手间彻彻底底地解决一下。

5. 餐桌上洒了东西

如果在餐桌上泼洒了东西，如果很少，可以直接用餐巾盖住就行了。如果洒了很多，悄悄地叫服务人员（可以以手、眼神示意，不要大喊大叫）帮你清理。如果不能清除干净，她会给你再铺上一块新的餐巾，把脏东西盖住，然后再上下一道菜，还要向邻座的人表示歉意。如果是别人洒了东西，不要表现得大惊小怪、大呼小叫，可以悄悄地示意服务人员过来处理，以免让别人尴尬。

6. 餐具掉到地上

假如不小心把餐具，如筷子、刀叉掉到地上怎么办？千万不要弯腰下去捡，其实也没必要亲自弯腰去捡。否则，不但姿势不雅，影响身边的人，也会弄脏手。最恰当的方式是示意服务人员来处理，为你更换新的餐具。

（四）礼仪禁忌

抢先“动手”。在请客人吃饭时，客人没有到之前，不能先吃。在和同事领导一起用餐时，要等主要领导来之后再用餐，并在领导或年长同事先“行动”之后自己再动筷子。

非议菜肴。比如说一些“吃不惯”、“有点咸”等，这样的评价即使是无心的，也足以让主人心存不快。爱吃的菜肴多吃，不爱吃的少吃就行了。

站起来取食。餐桌上自己够不到吃的东西，如果是可以旋转的桌子，可以轻轻地把自己想吃的菜转过来。如果不是可旋转桌，可以请别人代劳，千万不要站起来取食。

餐中打嗝，餐中吐痰、擤鼻涕。这些举动，是公认的粗俗、无礼的代名词。如果出现这样的情况，必须及时有效处理。比如打嗝，可以憋一会儿气或喝点水，往往能有效解决。而吐痰或擤鼻涕，只要是在席间，无论是哪种方式解决，都会让人恶心不已，如果非要解决的话，一定要去洗手间。甚至像咳嗽这样的动作，也要尽可能适当回避。

不顾别人，一个人坐着闷吃。用餐，必然是和其他人一起吃。在用餐间隙的时候，应该不时地和周边的人稍加交谈，这是起码的礼貌。初次见面可以自我介绍，找一些轻松、合适、大家关心和感兴趣的话题。

一些不好的零碎动作，比如打哈欠，抠鼻孔，抓头皮。这些零碎动作，不是给人不稳重的感觉，就是让人感觉你的心神不宁，或是让人大降食欲。

把餐具在空中挥舞，或用餐具指人。胡乱挥舞餐具，往往给人以嚣张、放肆的感觉，难以和“严谨、规范”的职场形象联想到一起。

吃的时候过猛，狼吞虎咽。这种行为，往往还伴以叭叭作响的咀嚼或吞咽声，往往给人不雅的感觉。让人听得、看着很不舒服。

边咀嚼食物边说话。这种行为，不雅观不说，而且还很容易噎着自己、把嘴里的食物喷洒出来。

用餐巾乱擦。餐巾是用来擦手、擦嘴的，而不是用来擦拭筷子、擦汗、擦鼻涕的。

在餐桌上化妆。化妆是纯粹个人的事情，不要当众表演。如果有必要，可以去洗手间。

进餐过程中解开纽扣或当众脱下衣服。这种行为给人的感觉只能是粗俗和不礼貌。

把外套或随身携带的东西放到餐桌上。餐桌只是用来放餐具和食物的地方，而不是放外套或是随身物品的地方。

在进餐中途一声不响地退席。如果有事必须要提前走，也要悄悄地向两边的人打个招呼，还要向主人打个招呼，不要玩“神秘失踪”。

六、礼品礼仪

馈赠礼品是人际交往中的一种表达友情、敬重或感激的常用形式。馈赠不仅是一种形式，更重要的是馈赠者的诚意和敬意。

（一）礼品选择

选择礼品要考虑赠送对象。礼品的价值要与赠送对象的身份相称，这主要是从价值上考虑的。给尊贵来宾的礼物显然不能和给一般朋友的礼物价值相同。馈赠礼物与赠送对象的身份相背离，是不礼貌的。

控制礼品本身的价值。任何礼品都不能超过它规定的价值。礼品超过了一定的价值界限，就超出了礼品的范畴，就会失去馈赠礼品的固有性质，就会形成礼品的严重异化，也让人难以接受。比如给因公交往者馈赠钻石或价格贵重的手表，给对方的第一感觉：这是不是仿制品？如果是真货，需要替他办什么样的事才值这个价值？肯定让人诚惶诚恐、不敢接受。

礼品的使用价值要与赠送对象的需要相一致。这一点，在挑选礼品时要格外注意。给病人馈赠，是希望他早日康复，身体恢复健康，只能有针对性的送适合他使用的食品或物品，而不宜送其他东西。馈赠没有针对性、盲目馈赠是没礼貌的行为，有些不合时宜，与民风民俗相悖的礼品会招来反感。比方像结婚者馈赠礼品，既可以选择实物赠送，也可以赠送礼金（数目上则视双方关系而论）。

馈赠要考究当地的生活习惯和风俗，要“从俗”。比如很多地方给病人不能送梨，因为“梨”与“离”发音一致，病人忌讳“离去”。给老人也不能送钟，因为“送钟”和“送终”同音。

在选购礼品的时候，破损了的、玷污了的商品不能当成礼品；假货、次品也不能当礼品。礼品要经过认真的包装。经过包装的礼品整洁、大方、美观，给人以愉悦之感，是看重对方的表示。甚至可以说，包装要与挑选礼品一样重视起来。

（二）馈赠时机

馈赠礼品要讲究时机。恰当的时机，会使对方更加容易接受你的馈赠、你的好意。

1. 交往之初

一开始就送礼，可能会给对方留下好的印象，方便工作的开展，但有时候对方可能会考虑到不知道和你的关系会发展得怎样，进而会觉得太突然，不方便接受。所以，在见面之初就馈赠礼品的时候，往往送的是没有什么价值的纪念品。

2. 告别时

工作完成之后、双方要分别的时候，馈赠礼品既让人印象更深，也让人难以拒绝。这是一种加深友谊，期待合作延续的方法。

3. 节假日

据调查，对于大多数单位来说，选择新春、端午、中秋、圣诞节（主要适用于外资企业）期间馈赠礼品仍然是最流行的做法。这时候既符合人之常情，也让对方心安理得地接受。

4. 重大喜事

对方过生日、庆祝结婚纪念日或者得到了升迁、搬入新居，还有像新公司的成立日、公司成立纪念日，对方有较重大的喜庆之事，举行庆祝活动时，馈赠礼品既表达了关心、礼貌，也显示了良好的关系。

5. 病痛或困难时

别人遇到病痛或困难，是最需要关怀的时候。看望病人，一定要带一些小礼品，食品、鲜花都可以是探望病人的好礼物。这时，馈赠表达的是深深的祝愿，祝愿好友恢复健康，解除病痛。突然遇到了困难，也是需要关怀的时候，礼品虽然不一定能从物质上帮助其摆脱困境，但可以送去精神上的安慰，表示对他的关心。

6. 遇到丧事

遇到了丧事，亲戚朋友或者同事，是可以馈赠的。这时的礼品，要经过严格选择，一些喜庆的、具有纪念意义的东西切忌赠送，要选一些适合办丧事的礼品。礼品的形式因馈赠人的身份不同而不同。也可以送上少量的慰问金。单位可以由领导出面送上一些政策允许的补助金。好朋友也可以送一些黑色的绸布做成挽帐。丧事中的礼品是对主方的安慰和劝导，是对死亡之人的怀念。这时候的关怀是非常珍贵的。

5. 避免误区

个人严禁向直接领导馈赠。领导应尽量少宣传自己的私人喜庆事件，以免除动员馈赠的嫌疑，尤其在入党、提级、评职称的关键时刻，更应该自尊自律。即使是在过年过节，也要避免给领导送贵重礼品。

要避免使礼物庸俗化。如有的同事之间本来并不经常来往，但突然有一件事情相求，那么就马上带上礼品去拜望，拜望的目的也很明确，就是要求在办理那件事时给以帮助，事情办完了，再也不登门。礼品专为办事而送，所谓“临时抱佛脚”式的馈赠。这种馈赠，要尽量免除，礼品已不是关怀和友情的代表，被歪曲成了赤裸裸的交换。

（三）举止表现

不管馈赠，还是受礼，都要表现得落落大方、亲切友好。

1. 馈赠表现

赠送他人礼品时应站立稳当，双脚并拢，身体略向前倾，面带微笑，注视对方，然后用双手捧着礼品送到对方面前。对方接受礼品后要与其热情握手，并致谢。切忌用单手将礼品递给对方或神情诡秘，让对方不敢接受。

如果向多人赠送礼品，最好先长辈后晚辈、先女士后男士、先领导后下级，按照顺序进行。

馈赠时要注意态度、动作和语言表达。平和友善、落落大方的动作并伴有礼节性的语言表达，才是受礼方乐于接受的。那种做贼式的悄悄地将礼品置于桌下或房间某个角落的做法，不仅达不到馈赠的目的，甚至会恰得其反。

可以说：“这是我们为您准备的一份礼物，希望能喜欢”、“这是我们单位给您准备的礼品，请您收下”等。

不能为表示自己的“礼物轻”，就大大咧咧地朝墙角一丢，然后说：“收着吧，这点东西不算什么，反正也是别人送的，放在那儿也没用，给了你倒挺合适。”要知道这样“自轻自贱”地对待自己礼品的同时，也会伤了对方的自尊心。也有的在馈赠时只怕对方不收，就说：“这是我随便买的”、“这些东西都是别人送的，我也不抽烟、不喝酒，就只好送你了，只当你帮我处理废品了。”让人听了怎么都高兴不起来。如图 4–5。

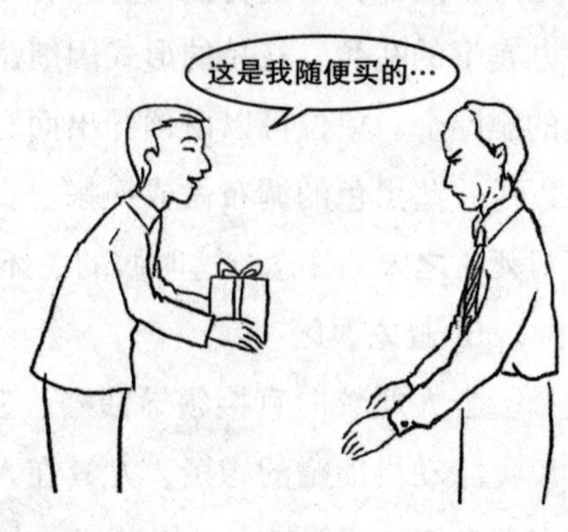

图 4–5

当然，如果在赠送时一种近乎骄傲的口吻说：“这是很贵重的东西！”也不合适，给人以一种嘲笑对方没见过世面的感觉。在对所赠送的礼品进行介绍时，应该强调的是自己对受赠一方所怀有的好感与情义，而不是强调礼物的实际价值，否则，就落入了重礼而轻义的地步。

很多人在受礼的时候总会表现得更加谦虚，常常会再三推辞，其实他心里往往是想要而又程序似地予以推辞。所以送礼的时候千万不要对方一谦虚马上就把礼收回来，这样会让对方变得很失望、很难堪甚至恼羞成怒。

当别人赞扬你所送的礼品，而应报以微笑，说一句“我真高兴您喜欢它”。如果把礼品原封不动放在一旁，就意味着对礼品不感兴趣，至少也会让送礼者感到冷落。

礼品比较新颖的话，还有必要简略地介绍一下礼品的名称、性质和出产地及用法。如果你所赠的礼品有特别的寓意，一定要特别讲清楚，这样谁听了心里都会高兴。

电视剧《宰相刘罗锅》里，一次乾隆皇帝庆寿，文武百官前来祝寿，各位大臣送得礼物都非常名贵。可刘罗锅却送乾隆皇帝一桶生姜，大臣们想笑又不敢笑，乾隆帝要发怒又不便发怒，他解释说：这是祝吾皇“一统江山”，乾隆帝立即转怒为喜。

2. 受礼表现

在接受他人馈赠礼品时要起身站立，表情自然大方，面带微笑地注视对方，然后用双手接过礼品，并握手道谢。切忌在对方馈赠时不直接接受，而是你推我让、相持不下，让对方感到为难。

当接受他人赠送的礼品后，应收存放好。当着对方的面打开并进行赞美这种方式，也开始被人们所接受，但不要当面问其价格，以免使馈赠者感到尴尬。然后将礼品放在适宜的位置上，以示重视。切忌将礼品随处放置。

1. 重要接待的送客礼仪有哪些?

2. 敬酒时要注意什么?

3. 馈赠礼品的时候，举止上要注意什么?

第五讲

工作沟通
GONG ZUO GOU TONG

【案例鉴赏】

不通则痛

小郑来单位已经一年了。但不论是同科室还是其他部门同事或领导，都和他相处得不太融洽。倒并不是其他人故意冷落他，用同事们的话说，小郑“什么事都不和别人沟通”。

正如同事们所说的，无论生活上，还是工作上的事情，能不和别人沟通就不和别人沟通，喜欢自己一个人“闷着干”。也因此常常和同事们的工作进度不一致、出现工作失误，甚至影响整体进度的事时有发生。

而且，工作进展情况从不主动向领导汇报，再大的事情也从不向领导请示，都按自己的想法操作，越权做事的事情经常发生。

中医认为“经络通畅”，痛则不通，通则不痛。同样道理，人际关系中，如果不和别人沟通或者不会沟通，一样都会由“不通”，而导致“痛”。

一个单位内部，不管什么岗位，都扮演着一定角色：或是领导、或是同事、或是下属。在自己的角色上如何做好工作沟通呢?

一、尊重领导是天职

领导是一个单位或部门的灵魂。尊重领导，是下属的天职，是上下级之间良好关系的前提和基础。

（一）不乱传话

每个人都有自己的缺点和隐私，只是缺点大小不同，或者隐私是否为别人所知而已。和领导在一起久了，大家都熟悉了，难免多多少少会知道领导的一些不为人知的隐私，或者了解到领导的一些缺点。这些事情即使知道了，也不能作为同事间茶余饭后的谈资、四处扩散。这是对领导人格的起码尊重。

领导也是人，所以在私下场合难免会和他认为关系比较亲近的下属不经意透露一些单位尚未公布或者尚未正式形成决策的事情。如果你听到了，就当听到了就行，既不合适随便评论，更不能当作“独家猛料”四处传播。否则，既不利于单位的安定团结、影响单位形象，又会影响单位的决策、甚至机密。

电视剧《亮剑》中，师长李云龙原配夫人逝世多年后，与护士小田坠入爱河。李大师长亲自来小田家提亲，小田父亲就是不同意这门亲事。李云龙就一直站在院子里，直到老人家同意他娶小田为止。警卫员在边上调皮地笑着，李云龙严肃地说：“你可是学过保密条令的啊，这件事情绝对不允许你告诉别人。”

试想，如果这件事情被其他战友知道，就会变成大家茶余饭后的笑料，难免会使李大师长尴尬。事实上警卫员事后也没乱传，这也正是尊重领导的体现。

（二）不越职权

不越自己的职权行事，这也是尊重领导的表现。

在通常情况下，每个人只有一位直接领导，一般情况下应该只向直接指挥自己的领导请示和汇报情况，不应越级请示汇报，不应接受多头领导。没有获得授权，也不能代替领导或者其他同事行使本应属于他们的职权。

不越职权，还体现为要服从工作安排。下属对其主管领导或领导的安排应该服从，即便有意见或不同想法，也应执行，对领导指挥中的错误可以事后提出意见，或者执行中提出建议，这是形成高效能指挥系统必不可少的条件。

从某种意义上来说，支持领导既是下属的一项义务，也是尊重领导的具体体现。支持领导，重在表里如一。把本职工作做好了，认真地完成领导所下达的各项任务，就是对领导的最大的支持，同时也是在行使自己的职权。在日常工作中，切忌对领导阳奉阴违、口是心非。

（三）维护尊严

1. 领导理亏时，给他台阶下

常言道：得让人处且让人。对领导更要这样。领导也是人，并不总是正确的，但领导又都希望自己正确。所以没有必要凡事都和领导争个孰是孰非，得让人处且让人，在适当的时候给领导台阶下，维护领导的尊严。

2. 领导有错时，不要当众纠正

如果错误不明显、无关大碍、其他人也没发现，可以“装聋作哑”。如果领导的错误明显，确有纠正的必要，最好寻找一种能使领导意识到而不让其他人发现的方式纠正，让人感觉领导自己发现了错误而不是下属指出的，如一个眼神、一个手势甚至一声咳嗽都能解决问题。

3. 提建议时要讲究方法，考虑场合

不要当众提建议，应该选择在领导不忙、心情较好、没有其他人在场的时候。提建议时不要急于否定领导原来的想法，而要先肯定领导的大部分想法，然后有理有据地阐述自己的见解。

4. 不推卸责任

要明确自己的责任，避免工作中的扯皮、办事拖拉、推卸责任、诿过他人等不良的工作作风。

5. 适时汇报工作

工作进展到一定程度，或者遇到了会影响工作进度的重大困难，都应主动向领导汇报，或者让领导主动掌握工作进度，或者请领导提出指示意见。

6. 维护领导的核心形象

领导是一个单位或者部门的核心，在公众场合的时候，下属无论在形象上还是举止上都要维护好领导的这一地位，不应在风头上盖过领导。

小洁在一家外企当秘书，她的新上司也是一位女士，第一天上任和小洁握手时，这位气质高雅的总经理微微皱了一下眉。善于观察的小洁敏锐地发现，原来自己用了和上司同一品牌的香水——引领潮流的“波士”牌法国香水。

第二天起，小洁身上再也没有和总经理一样的香味。她立即改用低一个档次的其他品牌香水，而且在服饰上、发型上、言行举止上绝不同女上司“争奇斗妍”。在交际场合，总是让总经理处于鲜明突出的中心位置。小洁虽然学历高，能力强，但处处谦恭，甘当陪衬，深受总经理的赏识，半年后被提拔为总经理助理。

（四）应对批评

受到领导的批评，会产生不愉快心理。被批评者有怨言也正常，因为产生错误的原因是多方面的。但是，对于领导的批评，首先要做到正确对待。

每个人都要理解：尽管批评的分寸、口气、方式等不一定适宜，或有偏颇，或有出入。但是，领导的出发点都是为了把工作做好。同时，要学会换位思考：哪一级领导，都要对他的下属负责。领导总喜欢高标准地要求自己的下属，希望他们工作上不出纰漏，尽善尽美。所以，要体谅领导，努力克制缓解自己的对抗情绪。如果领导真的批评错了，也不能当面反驳领导，可以私下选择一个适当的时机跟领导说明白，领导一定会对你有个好印象。一个会尊重领导的下属，也同样会受到领导尊重的。

二、尊重同事是本份

同事关系相处和谐，才能发挥一加一大于二的团队功能。能不能和同事和谐相处，进行良好的协调和沟通，也是现代职业人士的重要素质。

（一）团结合作

团结合作的同事关系是任何一个现代组织所必需的。如何创造一个团结合作的同事关系呢？

1. 密切合作

在现代社会中，要想在事业上取得成功，首先就要提倡一种荣辱与共的团队精神。在具体工作中，和自己平级的同事之间，既要有分工，更要讲合作。只有大家团结一致，才能维护本单位的共同利益，才能做好本职工作。比如工作时间外出时，应该向同事打个招呼。倘若领导或熟人来找，也好让同事有个交待。

2. 积极交流

和同事之间的密切合作，首先有赖于双方的互相信赖和积极交流。假如“老死不相往来”，则难有成功的合作可言。同事之间的交流，应当是有来有往，双向沟通。同时，还要注意使交流有助于完成本职工作，要使交流持之以恒。

3. 热忱关心

对于同事，在工作上、生活上要给予热忱的关心。既要讲事业，又要重友情。相互之间要重义轻利，彼此体贴。

4. 宽大为怀

平级的同事之间，不存在服从与被服从的关系，而只存在着合作共事的关系。共事中难免会产生分歧，甚至由此而引发矛盾。遇上这种情况，要以工作为重，非原则问题就不要去争辩谁是谁非。不要小肚鸡肠、心胸狭窄、勾心斗角，难为对方。

5. 不搞小集体

大家一起工作，共事久了，肯定会和同事间关系有疏密之分。但是切不要将亲密关系在办公室里张扬，如小声交头接耳呀，突然哈哈大笑呀，做事你我不分呀，都会惹来别人的反感或不悦。

6. 不侵权行事

每个人都在自己的职权范围内活动，尊重他人的职权，支持同事和下属的工作，不应该以任何借口，采取任何形式干涉别人的工作，侵犯他们的职权。

7. 物质往来要清楚

同事之间相互借钱、借物或馈赠礼品等物质上的往来切忌马虎。即使是小的款项，也应记在备忘录上，以提醒自己及时归还，以免引起不必要的误会。向同事借钱、借物，如果相对金额比较大或价值比较大，要主动打张借条，以增进同事对自己的信任。如果所借的钱或物不能及时归还，必须向对方说明情况。在物质利益方面无论是有意或者无意地占了对方的便宜，都会在对方的心理上引起不快，从而降低自己的可信度、影响彼此的关系。如图 5–1。

同事间物质往来要清楚

图 5–1

8. 不推卸责任

自己的职务、职责要明确，坚

决克服工作扯皮、推卸责任、诿过他人等不良行为和作风。

（二）摒弃私情

工作时公是公，私是私，不能把私人情感、好恶带到工作上来。

哪怕在家里或者在上班时间之外，个人情绪、别扭，只要到了单位，都应该放下思想包袱，调整心态，不能再把那种别扭劲儿、那种不好的情绪带到工作中来。

即使对某个同事有意见，那也仅是私人情感，工作中该配合还是要配合，该协作还是要协作，不能因此影响了整体工作安排。

有些单位设有质监、巡视等检查部门，设立的初衷是为了提高工作质量和效率，而不是故意和哪些岗位或人员为难。所以，具体执行者在落实时就要明确秉公办理、不循私情，任何一项执行的细节都要有据可依，被执行者同样也应认识到这是工作上的需要而不是故意和谁过不去。

很多大单位的员工往往来自五湖四海，同事关系当中就有了“同乡”这样的概念。这样的关系在非工作时间，可以因地缘关系而拉近彼此的感情，促进心灵的沟通，但在工作上不能因此厚此薄彼，甚至对其他人有所排斥。

（三）换位思考

不同教育背景、不同年龄、不同工作岗位和身份的人，思维方式、办事方式也都各有千秋。所以，工作中必须经常换位思考，才能有一个和谐的同事关系。

工作中，最烦人的莫过于自己不懂却要充内行人去指指点点，用外行的话去挑剔自己不了解的专业。如果遇到了这种情况，没有必要太在意；就是因为他们不是本专业的，所以才会有这些让人啼笑皆非的挑剔。

另外，工作中如果遭受到背后议论或嫉妒，有些难相处的同事因自身的原因与你发生争执、产生冲突、破坏你的工作热情，这样的情况并不少见，要学会体谅。

不能因为他们有这样那样的缺点就大惊小怪，揪住不放。要善于“举大德，赦小过，无求备于人”。古人说：“水至清则无鱼，人至察则无徒”，任何人都有优点和缺点。只要立足工作，从实际出发，换位思考，容人之过，谅人之短，对他们以诚相待、一视同仁，宽以待人，就一定能和他们愉快相处、共同进步、共同发展。

（四）学会关心

工作场合，同事之间是要摒弃私人感情，但并不意味着起码的人情事故都没有。学会关心，不仅是关心同事本人，更是通过关心同事，体现出你对这个团队的关注和呵护。比如同事生日、结婚、升迁、乔迁等，都可以表达祝贺；同事身体不舒服甚至生病时，应表达同情和问候；同事买了.新衣服，适时适当地赞美一下；同事出差时，可以嘱咐他们一路上照顾好自己，并祝他们马到成功；出差回来的时候，要表达问候等等。不能成为一个“不食人间烟火”的另类。

电视剧《杨光的快乐生活》中，杨光“意外”得了条漂亮的项链，于是他就戴在脖子上，在公司扬起脖子在每位同事面前暗示，但就是没有同事给予他所希望的关注，更别说赞美了，逼得他只好问同事“项链的项字怎么写”。

三、尊重下属是美德

绝大多数的领导都明白：一个人的力量毕竟有限，必须有下属的通力配合才能在工作上不断取得成功。而尊重是领导者获得下属信任和敬重的基本技巧。

（一）善于批评

人非圣贤，孰能无过。下属犯了错，领导难免会批评下属。但要想达到批评的目的，就必须要注意方法。

1. 避免当众指责

有些领导喜欢当众斥责下属，是想以此来转移责任，这种做法是不可取的。身为领导，无论如何，总对该单位的人和事负有责任，这是谁也推诿不掉的。一味强调自己的不知情，反而暴露出管理不力，更不好的是，还会给人留下自私和狭隘的印象。

在发生问题的时候，如果领导确实不十分知情，该把有关人员找来，把问题问清楚，然后让下属回去继续工作。领导应该负起责任处理问题。等事后进行必要的纠正、责备时再严格执行。

2. 不过分指责已认错者

对于工作中产生失误，并已经认错的下属，不论是真认错还是假认错，认错这件事本身总不是坏事，所以作为领导，就要先予以肯定，然后就可以顺着认错的思路继续下去：错在哪儿？为什么会犯这样的错误？错误造成了什么后果？怎样进行弥补？怎样防止再犯类似错误？只要这些问题、尤其是最后一个问题解决了，批评指责的目的也就达到了。

对领导批评之后即能认错道歉的下属也不用太责备，特别是有些极轻微的错，第一次犯错和不小心犯错误等，只要稍微提醒一下，就算是警告了。

3. 因失败而指责要注意

同样是失败，如果动机是好的，没有恶意的话，可以不指责。领导要做的就是纠正下属的工作方法就可以了。而如果是恶意、懒惰、没有按照工作程序，擅自主张所造成的失败，就要给予指责、处罚。

由于领导的指导方法错误造成的失败，当然也不能指责。要先弄清楚责任所在，让下属明白问题之所在，然后指责该负责的人或自己承担起相应责任。

由于不能防止或不能抵抗的外在因素的影响。这种情况当然不是下属的错，下属没有义务承担这个责任，没有责任就不能指责。

4. 不要揭下属的短

打人不打脸，揭人不揭短。揭短就等于向伤口上撒盐，除了勾起一段不愉快的回忆外，于事无补。这不仅会叫下属寒心，其他人一定也不大舒服。

5. 批评下属要因人而异

不同的人对同一个批评，会有不同的心理反应，对于不同的人要尽量采取不同的批评方式，尽量采取委婉的语言，另外还应该选择恰当的场合。从这一点上来说，就要求领导对下属的个性、性格有所了解，真正做到因人而异。

（二）异议处理

1. 下属提意见时

当下属给自己提意见的时候，一定要对下属的意见认真考虑，对于正确的意见要采取行动并进行实施。如果认为所提意见并不完全正确，可以给他举出事例，说明理由，但是要对他提意见的行为表示赞扬。那样下属才乐意和你交流，才会把你的缺点说出来，既有利于你自己的发展，又有助于形成一个良好的工作氛围。

2. 下属批评时

如果对方有理有据，那批评就是正确的。领导者要把注意力放在对方批评的内容上，而不要去怀疑对方批评的目的。

不要急于表达反对意见。有些领导性情比较暴躁，或者不太喜欢听别人的意见。这时候如果有人提出批评，他们的第一反应就是反驳。立即反驳并不能解决任何问题。相反，可能会使矛盾激化。当对方提出批评意见时，领导者应该认真倾听，即便有些观点自己并不赞同，也应该让批评者讲完自己的道理。

有时候领导者对批评者所批评的事情可能还不了解。这时候，不论承认不承认错误，都会使自己被动。最好是承认批评有一定可能性和合理性，并且表示对批评者的观点能够理解。但不应该就批评本身下结论。然后，领导者要认真了解并分析当时情况，最终对批评者的批评做出客观的评价。

（三）尊重下属

1. 尊重职权

领导应该放手让下属大胆工作，对下属的指挥权不插手、不越权、不干预、不包办。当下属在工作中出现失误时，领导要尽可能地给以帮助，在必要时还应主动承担相应责任。这样，就会使下属增强责任感，调动积极性、主动性和创造性。

2. 尊崇才干

领导不可能在各方面都表现得出类拔萃，而下属在某些方面也必然会有某些过人之处。作为领导，对下属的长处应及时地给予肯定和赞扬。如接待客人的时候，把本单位的工作骨干介绍给客人；在一些集体活动中，有意地突出一下某位有才能下属的地位；节日期间到为单位做出重大贡献的下属家里走访慰问等，都是尊重下属的表现。这样做，可以进一步激发下属的工作积极性，更好地发挥他们的才干。相反，如果领导嫉贤妒能，压制人才，就会造成领导和下属的关系紧张，不利于工作的顺利开展。

3. 关怀下属

大凡口碑好的领导者，往往都是懂得关心爱护下属的人。平时工作也许繁忙，和下属接触的机会不多，但如果知道哪位下属病了，条件允许的时候就应去探望，病中的一次探望，可以抵上平时的十次探望。像下属的结婚、乔迁、升迁，也要适当地表示祝福、恭贺，这不仅让当事人感到领导的关心、团队组织的关爱，也让其他下属感到温馨。从而激发出他们热爱组织、忠诚组织的信念。

4. 办事公正

一个高明的领导在千头万绪的工作中，不仅要善于处理小事，更要善于抓住大事。出主意、用干部，就是一般领导者应高度关注的两桩大事。在处理这样的大事情，首要的是要办事公正。不能以权谋私，假公济私；不能以我画线，亲疏有别，不能大搞“顺我者昌，逆我者亡”。否则，无法赢得下属的信赖和拥戴。

（四）以身作则

古人云："其身不正，虽令不从，其身正，不令而行。"表率的力量是无穷的。

在一个组织内部，领导以身作则是最好的示范。要想达到"令行则止"，同样首先要以身作则。工作中如果领导自己说一套做一套，就很难让下属信服，更不用说有什么和谐的团队关系了。

四、通讯礼仪

通讯礼仪我们分三部分介绍：座机电话礼仪；手机礼仪；网络礼仪。

（一）电话礼仪

座机电话，已成为现代职场使用频率最高的通讯工具。毫无疑问，接打电话的质量，反映了一个人对待工作的真实态度。对方通过你接、打电话的方式、表现，对你的形象、性格、素质进行了无限的描述、想象：是正规军还是游击队，是值得合作还是不可信赖……

1. 基本注意事项

（1）避免做电话机器

电话本身是没有任何感情色彩的，使用电话是为了交流、沟通，拉近彼此的距离。所以，一定要给电话赋予感情色彩，达到使对方"闻其声如见其人"的效果。要达到这样的效果，就要做到以下几点。

1）要避免感情机械化。有些人会错误地认为电话只是传达声音，所以只要发出声音，并把声音传到电话那一头就行，因为对方不可能从电话中看见我们在做什么。所以，往往表情是机械而没活力的。而对方从电话里听到的声音可能就会是平淡的、呆板的、甚至是不愉快的。

所以，拿起电话机之前，就需要用声调表达出友谊和微笑。正是因为对方不能从电话中看见笑容，所以声调就要负起全部的责任。你的声调要充满笑意，比平时高兴的时候还要有更多的笑意。如图 5–2。

2）要注意语速语调。声音通过电话后音调会有一点改变。所以，在电话里语音要适中，音量也要适中。嘴要正对着话筒，咬字要清楚，一个字一个字地说。特别是说到数目、时间、日期、地点等内容的时候，最好要和对方确认好。而且，说话更要注意音调的抑扬顿挫，以弥补“机械化”的缺陷。

图 5–2

（2）表现文明

电话的形象，不仅代表个人形象，更是单位形象的化身，所以在电话中必须要做到“三文明”：语言文明、态度文明、举止文明。

1）语言文明。通话的时候，不仅不能使用不文明的语言，而且还要熟练使用“电话基本文明用语”。它们具体指的是：如果是给对方打电话，在对方拿起电话的时候，首先要向接电话的人热情地问好：“您好！”或“你好”，然后再说其他的话。不要一上来就“喂”对方，或是开口就说事情，让对方莫明其妙。

在问候对方后，接下来要自报家门，以便让接电话的人明白是谁打来的电话。在电话里的自我介绍，通常应该报上本人的全名、单位名称和职务。

如果是接电话，首先也要说“您好”或“你好”，接下来可以自报家门，以便让对方知道有没有打错电话。如果是直线电话，可以说单位简称，如果是分机电话，可以说部门名称，或者直接说姓名。

终止通话前，准备放下话筒的时候，要先说“再见”。如果少了这句礼貌用语，就会感觉通话终止得有些突然，让人难以接受。

2）态度文明。首先要严禁厉声呵斥、态度粗暴的无理表现。但也没必要低三下四，阿谀奉承。

对方电话如果需要总机接转，不要忘记对总机的话务员问上一声好，并且还要加上一声“谢谢”。另外，“请”、“麻烦”、“劳驾”之类的词，也要经常挂在嘴边。

碰上要找的人不在，或需要接听电话的人代找，或代为转告、留言的话，态度同样要文明而有礼貌。

通话的时候，如果电话忽然中断，依礼需要由打电话的人立即再拨过去，并说明通话中断可能是线路故障所致。不可以不了了之，或干等接电话的人打过来。

如果拨错了电话号码，要对接听的人表示歉意。绝不能一言不发，悄悄挂断了事。

3）举止文明。通话的时候，在举止方面也要对自己有所要求。

要站好或坐端正，举止得体。不可以坐在桌角上或椅背上，也不要趴着、仰着、斜靠着或者双腿高架着。用电话要轻拿轻放。打电话的姿势虽然对方看不见，但不良姿势可以影响一个人的情绪和声音，使对方有所察觉。

无论如何，都不要在通话的时候把话筒夹在脖子下，抱着电话机随意走动。拨号的时候，不要以笔代手。也不可以边打电话边吃东西或喝水。这些不好的举止，对方在电话里完全就能听得出来。

通话的时候，不要发声过高，免得让受话人承受不起。标准的做法是：使话筒和嘴保持 3 厘米左右的距离，以正常、适中的音量就行了。

（3）谁先挂电话

打、接电话，通话结束后，还有一个谁先挂电话的问题。一般情况下，如果是主动打出的电话，应该自己先挂电话；如果是接的电话，可以让对方先挂电话。这两个情况下，都有一个基本的考虑，也就是让主动发话的人先挂电话，不仅是一种礼遇，更能有效避免对方因为没说完而被你挂断。还有一种比较通行的借鉴方式，就是让尊者先挂电话。挂电话的方式，是先按断扣机键，然后再轻轻扣上电话机。

（4）勿假公济私

单位电话，当然是为了因公使用，不应该用来处理私人事情，这同样是基本的职业操守。有些外企在走廊或休息区专门配置了供员工拨打私人电话的投币电话，目的是让大家明白，每个人办公桌上的电话仅限于因公用途，而不是可以随意聊天或处理私人事务的。

2. 打电话

就打电话的实际流程来看，要注意以下三个方面。

（1）事先准备

为了获得最佳的通话效果，每次打电话之前都要做好充分准备。比如，把受话人的姓名、电话号码、通话要点等内容列出一张“清单”。这样一来，通话的时候就可以以此办理，不至于出现边说边想、缺乏条理、丢三落四的情况了。

这种方法简单易行，只要养成了习惯，就会成为自己的自觉行动。它不仅于己方便，而且也能使通话对象感到自己办事情的有板有眼、训练有素。

（2）打电话时间

按照惯例，通话的最佳时间有二：一是双方预先约定的时间；二是对方方便的时间。双方预先约定的时间不必再做介绍。什么是对方方便的时间呢？

可以理解为对方在工作的时间，而且是比较方便接电话的时间。这个时间段一般是：早上9点以后，下午5点之前。如果知道对方的上下班时间，还要避免对方刚上班半小时或下班前半小时通话。中午休息的时间，也不要给对方打电话。

如果不是遇到十万火急的情况，不要在节假日、用餐时间和休息时间给别人打工作电话。

如果是打国际电话，必须要考虑时差。

（3）通话长度

既然电话因公而打，就必须对通话的具体长度有所控制，因为在工作岗位上大家都很忙，不可能假借因公电话之名行煲电话粥之实。基本的要求是：以短为佳，宁短勿长。

作为因公的电话，刚开始基本的寒暄是必要的，但要点到为止，不要没完没了、本末倒置。然后就开门见山、直奔主题。交谈完毕后，再简单复述一下通话内容，然后就结束电话。

电话礼仪的“三分钟原则”，实际上就是“以短为佳，宁短勿长”基本要求的具体体现。但意思绝不是掐到三分钟的时候就断然挂电话，而是尽可能限制通话长度，以做到简练、明确，不要一件事反反复复地说，让对方听得厌烦。

如果是一次较长的电话交谈，在通话之初就要告诉对方这次通话的大致时间长度，在获得对方许可的情况下再继续。

3. 接电话

接电话的礼仪，可以分为本人受话、代接电话以及录音电话等三方面。

（1）本人受话

本人受话，就是自己亲自接听别人打给自己的电话。自己接听电话的时候，按照电话礼仪的要求，需要注意三个问题。

1）接听及时。接听电话是不是及时，实质上也反映着一个人待人接物的真实态度。一般的情况下应该保证在电话铃响三声之内接听电话。但要避免在电话刚刚响起就接电话，否则说不准会让对方吓一跳。当电话响第二声以后接电话是最合适的时间。如果因为其他原因在电话铃响三声之后才接起的话，在接起电话后首先要说声：“对不起，让您久等了！”

2）应对谦和。接电话的时候，受话人要努力使自己的所作所为合乎礼仪，要注意：拿起话筒后，首先就要问好，然后自报家门。向打电话的人问好：①出于礼貌；②为了说明有人在接听。严禁以“喂”字开头，因为“喂”表示是希望先知道对方是谁，在等着对方告诉你。而且，如果“喂”时语气不好，就极容易让人反感。所以，接电话时的问候应该是热情而亲切的“您好！”。如果对方首先问好，就要立即问候对方，不要一声不吭，故弄玄虚。

至于要自报家门，则是为了告诉对方，这里是哪个单位或是哪个部门或是具体哪一位。

通话的时候，不应该心不在焉，更不要把话筒放在一旁，任其“自言自语”。在通话过程中，对打电话的人的态度要谦恭友好，尤其是在打来业务电话咨询或有求于己的时候，更要表现得不卑不亢、热情亲切。

通话终止的时候，不要忘记向发话人说声“再见”。如通话因故暂时中断后，要等候对方再拨进来。对于重要的客人或上级，要主动拨回去。不要扬长而去，也不要为此而责怪对方。

接到误拨进来的电话，需要耐心、简短地向对方说明。如有可能，还要给对方提供必要的帮助，或者为其代转电话就行了，不要生气动怒，甚至出口伤人。

3）主次分明。接听电话的时候，要暂时放下手中的工作，不要和其他人交谈，或做其他事情。如果正在和别人谈话，要示意自已接电话，一会在说，并在接完电话后向对方道歉。同时也不要让打电话的人感到“电话打的不是时候”。但如果目前的工作非常重要，那么就要在接到电话后向来电者说明原因，表示歉意，并再约一个具本时间，到时候自己再主动打过去，当然要在通话的开始，再次向对方致歉。

纵然再忙，都不能拨下电话线，或者来电不接就直接挂断。这些都是非常不礼貌的行为。

（2）代接电话

每个人都会经常为同事代接、代转电话。代接电话的时候要注意：

1）礼尚往来。接电话的时候，假如对方所找的不是你，不要表现得失望和不乐意的情绪，也不要拒绝对方代找别人的请求，尤其是不要对对方所要找的人口有微辞。更不能因为个人感情就硬说对方要找的人是“没有这个人”。同事之间互相代接电话，也是互利互助的事情，所以要讲究礼尚往来，有来有往。

2）尊重隐私。代接电话，不要充当“包打听”的角色，不要向来电者询问对方和他所找之人的关系。当打电话的人有求于已，要求转达某事给某人的时候，要诚实守信、不曲解意思的转告，而且没必要对不相干的人提及。

当所要找的人就在附近，也不要大呼小叫而闹得满城风雨。当别人来接电话的时候，不要进行“旁听”，更不要插嘴。

在没有授权的情况下，不要随便说出对方所要找的人的私人手机号码。

3）准确记录。如果要找的人不在，要先向来电者说明，再问对方需不需要帮忙转达。对于来电者要求转达的具体内容，最好认真做好笔录。在对方讲完之后，还要重复一遍，以验证自己的记录是否正确无误。记录别人电话，要认真记下包括通话者单位、姓名、通话时间。

4）及时传达。当接到寻找别人的电话，先要弄明白“对方是谁”、“现在找谁”这两个问题。如果对方不愿讲第一个问题，也不必勉强。如果对方要找的人不在，应该先以实相告，再询问对方有什么事情。

如果要找的人就在旁边，要立即通知。如果答应替打电话者代为传话，就要尽快落实，不要置之脑后，或是存心拖延时间。

不到万不得已的时候，不要把代人转告的内容，再托付其他人转告。否则，既容易使内容走样，还容易耽误时间。

（3）录音电话

录音电话现在被越来越多的单位所使用。在使用录音电话时要注意以下两个方面。

1）留言制作。使用录音电话，少不了要制作一段录音留言。留言的常规内容有：问候语、电话机主的单位或是姓名，致歉语、留言的原因、对来电者的要求以及道别语等。

2）来电处理。工作中，如果不是十分必要则不必使用录音电话，如果使用就一定要做到“言必信，行必果”。在处理录音电话的时候要注意：

对于正常的来电，要及时进行必要的处理。不可以一拖再拖，或者置之根本不理。

不要以录音电话为借口托词自己的疏忽和错误。

（二）手机礼仪

手机是职业人士基本的通讯工具。但不分场合、不分时机地滥用手机，已成了职场礼仪和职业形象的杀手。

1. 不用手机场合

在飞机上，不管业务多忙，为了自己和其他乘客的安全，一定要关机。

在和客人洽谈的时候，关掉手机或者至少把手机调成震动状态是必要的，以免分散自己的精力，也是对对方的尊重。

加油站，为了安全不可以使用手机。如图 5–3。

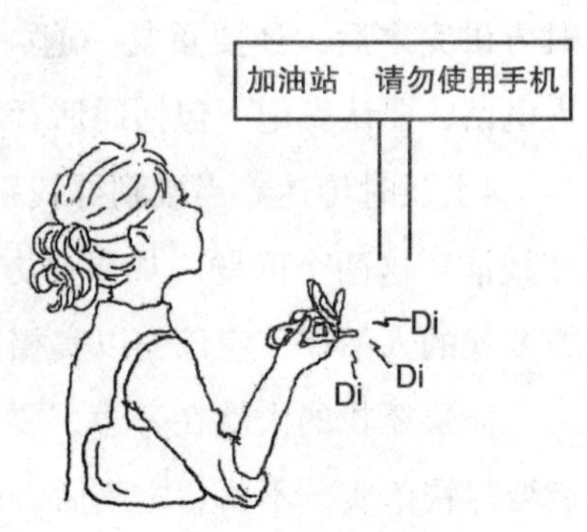

图 5–3

在剧院或电影院，接打手机是极其不合适的。如果需要保持联络，应该把手机调到静音状态，采用静音的方式接发手机短信。

在餐桌上，特别是在宴会上，应该关掉手机或是把手机调到振动状态。不要在举杯祝酒或正吃到兴头上的时候，被一阵烦人的铃声打断。

开会的时候，接打手机是对所有与会者的不尊重。

2. 手机放哪儿

工作场合，手机要放在合乎礼仪的常规位置，如随身携带的公文包里或者上衣的内袋里。不要在不用的时候拿在手里或挂在上衣口袋外面，挂在脖子上或腰带上也不妥。

开会的时候可以把手机交给秘书、会务人员代管。也可以放在不起眼的地方，如背后、手袋里、衣服口袋里，但不要放在桌上。

3. 接打的声音

不管是接还是打，讲话的声音都要适度，没必要大声嚷嚷。特别是在公共场所更要注意。接听和拨打电话，不要妨碍和影响别人，以免引起大家的侧目和反感；也不要当众表演，不注意自己的隐私。

如果遇到有些地方手机信号不好而导致无法通讯的时候，可以先挂机，过一会儿再联络，千万不要大声一味“喂！喂！”地呼叫，以免对别人产生干扰、引起别人的反感。

4. 手机短信

著名导演冯小刚说，有些短信他看了就删，从来不回复。比如过年的时候："我根据什么来回这个短信，您哪怕说小刚过年好，我都回，我很不愿意看那些群发的那种，那太没有诚意了，哪怕就两个字，你感觉这是为你写的，这样我也会认真地回。"

在一切需要把手机调到振动状态或是关机的场合，如果短信的声音此起彼伏，和直接接、打手机又有什么区别呢？一边和别人说话，一边查看手机短信，同样说明你对别人的不尊重、对谈话内容的不在意。

对于短信内容的选择和编辑，应该和通话文明一样重视。通过你发出的短信，既使是你转发的，都意味着你赞同或至少不否定短信的内容，它反映了你的个人品味和水准。所以不要编辑或转发低俗、不健康的短信。

5. 铃声的使用

传统的手机铃声似乎已经无法满足人们的需要了。现在越来越多的人，特别是年轻人喜欢使用彩铃。有些彩铃很搞笑，或很怪异，和千篇一律的铃声比较起来，确实有独特之处。但是彩铃是给打电话的人听的，如果你需要经常用手机联系业务，最好不要用过于怪异、格调低下的彩铃，以免影响你和单位的形象。

（三）网络礼仪

在高度信息化和提倡无纸化办公的今天，网络通讯已经越来越普及化。网络礼仪已经成为现代职业人士必须要了解的基本礼仪常识。

1. 电子邮件

（1）基本设置

邮件主题。电子邮件的邮件主题，就好像信件的信封一样重要。只有写清楚邮件主题，人家才知道你这封信是写给谁收的。在垃圾邮件泛滥的今天，这一点很重要。邮件主题，最好能写清对方单位简称、对方姓氏加上职务，如"未来之舟周主管收"，这样对方就知道这不是垃圾邮件了。

发件人设置。如果可能，最好将发件人设置成单位名称再加上自己的名字，这样在发邮件给别人时，对方一眼就知道这封信是谁发出的。

自动回复设置。设置自动回复要注意。有些人或者有些单位的邮件比较复杂、容易记错，这时候就会担心自己发的邮件对方有没有收到。于是，很多人为了表示及时收到了对方的邮件，都设置自动回复的功能。但问题是，有些人的自动回复设置连个落款都没有，同样令对方不知道是不是你收到了邮件。所以，设置的自动邮件回复内容应该有自己的落款，姓名、单位名称都可以，或者两者都有也行。

（2）邮件内容

邮件的内容格式，也同样要遵照书面信函的格式和规则。邮件正文要简洁、语言要流畅，不可长篇大论，以方便收件人阅读。用语要礼貌，以示对收件人的尊重。

用语规范。在邮件正文中，尽量少用网络语言及符号，特别是不常用的网络语言及符号，以免对方不理解而使交流受阻甚至产生歧义。

还要慎选其他特殊功能。比如现在有专门的电子邮件软件，可有多种字体备用，甚至还有各种信纸可供使用者选择。这固然可以强化电子邮件的个人特色，但是此类功能，职业人士要慎用：一方面，对电子邮件修饰过多，难免会使其容量增大，收发邮件的时间增长；另外一方面，电子邮件的收件人所拥有的软件不一定能够支持上述功能。

（3）查收和回复

应当定期查看收件箱，查看有无新邮件，以免遗漏或耽误重要邮件的阅读和回复。定期整理收件箱，对不同邮件分别予以保存和删除，避免使收件箱过于臃肿。

要及时回复邮件，不要有所怠慢，使发件人担心邮件是否安全抵达。一般应在收到邮件后的当天予以回复。如果问题较难处理，就要先告诉发件人已收到邮件，事情正在处理之中，大约在多久之后尽快回复等。

2. 网络即时通讯

网络即时通讯，现在使用最普及的就是 MSN 和 QQ，其他的网络即时通讯也和这两种基本类似。

（1）名称使用

MSN 和 QQ 都可以用个性名称。但如果因公使用，应该使用规范的名称，比如公司名称、个人姓名等，以方便别人知道你是谁。不要使于过于个性的名字。MSN 的主题，可以不变，但内容上你要考虑好这是因公使用。

因公使用别忘在MSN上署名。使用MSN的人经常会为忘了上面是谁而烦恼，问吧，太不礼貌；不问吧，又不知道是谁。所以建议把自己MSN的状态前面写上自己的名字，或者是公司的名称，这样能让别人一眼就知道你是谁，否则有点像一位不熟悉的人从背后蒙住你的眼睛，让你猜是谁那样的让人火大。

如果对方MSN或QQ是个性化名字，你可以把对方的名字改成他们单位名称或姓名，MSN在“编辑联系人”中改，QQ是在“修改备注名称”中改。这样不论什么时候，都可以一目了然地知道对方是谁。

（2）慎用图释

MSN和QQ等网络即时通讯工具，都有非常丰富的个性表情，和手机彩铃一样有意思。工作中使用的时候，个性表情一定要慎重使用，不可过于频繁使用，也不要滥用。个性表情毕竟是“表情”，不是语言，网络即时通讯的语言还是文字。而且，不要发一些容易让人产生误会的、格调不高的个性表情。无论如何，每篇内容都是一蹦一跳的、让人去猜具体表达意思的图标，没有一个文字，也是非常让人厌烦的。

（3）内容沟通

因公网络即时通讯应在工作时间使用，尽量不要在非工作时间和别人聊工作，除非你们事先有过约定。

要注意礼貌。应该和电话或者当面说话一样有礼貌，比如正式说话之前应先打招呼，下线之前，应和刚才说话的人打个招呼，那种“神龙见首不见尾”的“大虾”式作风，是不受人欢迎的。

内容发送要注意。既然有及时性特点，你发送的内容对方同时就收到、看到。所以在发送内容之前，还是要“三思而后行”，不要有错字、别字、容易引起歧义的话，以及可能泄露单位机密的内容。

学会使用状态说明。如果正忙于其他事，无法顾及MSN、QQ的消息回复时，建议把MSN、QQ设置成“忙碌”、“外出就餐”、“接听电话”等，甚至可以自定义个性化说明信息，以免让人产生正在MSN、QQ前面但不想理他的错觉。

在工作时间里，同样MSN、QQ是应该服务于工作，而不是私聊的工具。所以，无论游戏、聊天等功能多有诱惑，工作时间里都应禁用，这也是起码的职业修养。

网络通讯虽然方便、快捷，但毕竟还是辅助通讯手段，不能当成唯一的通讯方式。而且，当有重要的、正式的、紧急的事宜，还必须通过传统的方式，比如电话、书面信函甚至面访的形式完成。

五、突发事件处理

所谓突发事件，是指工作中无法预料的、突然发生的事件。身在职场，难免有一些突发事件发生。有效、快速、得体地处理这些突发事件，能体现出一个职业人士良好的修养和果敢的判断力。

维护单位正面形象、保证工作正常进行是处理突发事件的基本原则。

（一）职权之内

对于自己职权之内的事情，要马上有效处理，使问题得到解决，不影响正常的工作安排和工作进度。

如果是窗口单位或者企业，难免会接到投诉或者遇到无理取闹的情况。不管谁对谁错，重要的是，在事件处理当中获得一个难得的纠正潜在失误、避免以后再出现同类事件的机会。投诉的时候，难免有满肚子的牢骚和委屈，说话可能会偏激。在处理投诉时，如果态度不好，这无异于火上浇油。应该首先体谅投诉者的心情，关心同情他们的“遭遇”，尽量耐心倾听投诉，让其充分发泄心中的怨气，在坦诚和谐的气氛中，逐步趋于共识的基础上，谋求解决问题的办法，这样才能使矛盾趋于缓和。

如果是其他突发事件，比如外出办事的时候车突然坏了，这就既要负责任地处理好车，又要不能耽误要办的事情。应该直接打主管领导的电话，进行事件告知，万一领导有其他临时计划，也好另行安排。如果有司机，将车交由司机处理，自己再打车。如果自己一人，就要一面告诉对方，你的车坏了，尽可能地不耽误约定时间赶来，另一方面联系汽车修理厂，等修理厂的人来、做了交接之后再打车前去。

小黄在某证券营业部工作，他们的营业部在一栋老式居民楼的一层。因楼房年代过于久远，周六下午值班的时候他发现大客户室天花板开始出现大面积潮斑，并伴有渗水。如果不马上处理，可能会损坏公司的办公设备，甚至会影响周一大客户的交易。他马上直接打通了办公室主任和总经理的手机，分别向两人汇报后，他三下五除二做好了处理。周一上班的时候，他的这种行为获得了总经理的肯定和表扬。

（二）职权之外

如果遇到了不是自己职权范围的突发事件，就必须马上向主管领导汇报，以使问题得到及时解决，不能因为不是自己的职权而推诿，也不能因为突发事件而随便越权。要知道在一个单位内，职权划分是相对的，本意是为了方便工作。所以，遇到突发事件，重要的是要想办法解决。

比如企业或窗口单位接到客户投诉，如果不是自己的职权范围之内，不能立刻解决的，要马上汇报，这样也能给客户一个及时而明确的答复，说话一定要算话，不能“踢皮球”。否则只能使投诉者怨气更大，从而引起不必要的纠纷，形成恶性循环，而影响公司的声誉。

刘科长负责了一项重大合作项目，在项目快要结束的关键时刻，技术人员周涛病了。周涛这一病，使得整个项目进度受到了影响。刘科长没有向上汇报，而是带领其他人加班加点，但还是没能按照合同期限交付项目，使单位受到了损失。事后，单位也对刘科长进行了处罚，说遇到了这样的突发事件，应该及时和领导沟通，进行人员调剂，以保证工作进度。

1. 与领导沟通应注意哪些礼仪？

2. 接电话要注意哪些礼仪？

3. 使用网络即时通讯工具要注意什么？

第六讲

会议与仪式

HUI YI YU YI SHI

【案例鉴赏】

王主任的职责

王平是办公室主任，平时的工作多而杂，特别是单位要开重大会议的时候，王主任更是忙得不亦乐乎。

每次开会前，特别是有外单位、上级单位参加的会议，王主任会前还要了解参会人员，包括性别、年龄、身份等，安排接送、住宿、就餐，会场布置，有时候还要准备、发放礼品；会中要安排会场服务、会议记录；会后还进行会场清理、会议总结、外单位或者上级单位与会人员的送站等。

用王主任的话说，不论是什么样的会议还是仪式，作为组织者都要认真、周到地组织、实施、服务，不能出差错。

当然，作为参加者当然也要认真对待，遵守基本的礼仪，这既是尊重组织者，也是为了达到最大的参加效果。

无论是会议还是仪式，都是郑重的集会场合。在这些场合中，无论是组织方还是参与者，都应该借此进行必要的礼仪教育，以塑造、展示良好的单位形象和员工精神风貌。

一、工作会议

工作会议，是现代职场日常工作的常见形式，便于集中讨论、解决问题、贯彻精神。如何组织安排、参加、服务好工作会议，以营造紧张、团结、高效的会议氛围，是每一位组织者或参与者都要注意的问题。

（一）组织与准备

1. 会议的筹备

不论举行什么会议，负责筹备会议的工作人员都要根据主题（包括会议名称），把领导议定的会议的规模、时间、议程等组织落实。通常要组成专门班子，明确分工、责任到人。

2. 通知的拟发

按常规，举行正式会议要提前发会议通知，以及有关单位或嘉宾的邀请函件。通知一般要由标题、主题、会期、出席对象、报到时间、报到地点以及与会要求等七项要点组成。通知务必保证提前几天就要送达，以便参会对象准备。

3. 文件的起草

会议上所用的各种文件材料，一般应在会前准备好。需要准备的会议文件，主要有会议的议程、开幕词、闭幕词、主题报告、大会决议、典型材料、背景介绍等。其中有些文件应在与会者报到时就要下发。但一般普通、例行的工作会议，也就没有必要准备这些材料，或者根据情况或领导要求准备相关资料、说明文件等就可以。

4. 常规准备

负责会务工作时，有必要对会议所涉及的具体细节问题，做好充分的准备工作。

（1）会场的布置。对于会议举行的场地要有所选择，对于会场的桌椅要根据需要作好安排。还有音响、照明、投影、摄像、摄影、录音、空调、通风设备和多媒体设备等，应提前调试检查。

（2）根据会议的性质、规模、层次，在必要的时候和外界搞好沟通工作。比如向有关新闻部门、公安保卫部门进行通报。

（3）会议用品的准备。比如纸张、本册、书写用具、文件夹、姓名卡、座位签、饮料、声像用具等。

（4）做好接待工作。凡是一些大中型、跨地区、跨部门的会议，一定要安排好与会者的接待工作，否则，很多与会者会因不清楚具体安排而延误会议。如果对方是德高望重的领导、权威或是老弱病残，还应该安排车辆、人员前往机场、车站接送。会议期间的食宿起居应安排专职人员负责。具体如何接待工作，在第四讲里已有专门讲述。

5. 座次安排

举行正式会议，通常要事先排定与会者、特别是重要身份者的具体座次。越是重要的会议，座次排定越重要。由于工作会议的规模不一样，在具体的座次排定就有所不同。

（1）小型会议

一般指参加者较少、规模不大的会议。全体与会者都应排座，不设立专用的主席台。小型会议的排座，有三种形式：

1）自由择座。就是不排固定的具体座次，而由全体与会者完全自由地选择座位就座。

2）面门设座。一般以面对会议室正门的是会议主席座位。其他的与会者在其两侧自左而右地依次就座。

3）依景设座。所谓依景设座，是指会议主席的具体位置，不必面对会议室正门，而是应当背依会议室之内的主要景致所在，如字画、讲台等。其他与会者的排座，则略同于前者。

（2）大型会议

是指与会者多、规模较大的会议。大型会议在会场上要分设主席台和群众席。主席台必须排座，群众席可排可不排。

主席台排座。大型会场的主席台，一般面对会场主入口，面对群众席。主席台成员的桌上，要放置正反两面的桌签。

主席台排座，具体又分为主席团排座、主持人座席、发言者席位等三个问题。

主席团排座。主席团，是指在主席台上正式就座的全体人员。国内目前排定主席团位次有三个基本规则：①前排高于后排；②中央高于两侧；③左侧高于右侧。如图 6–1、6–2。

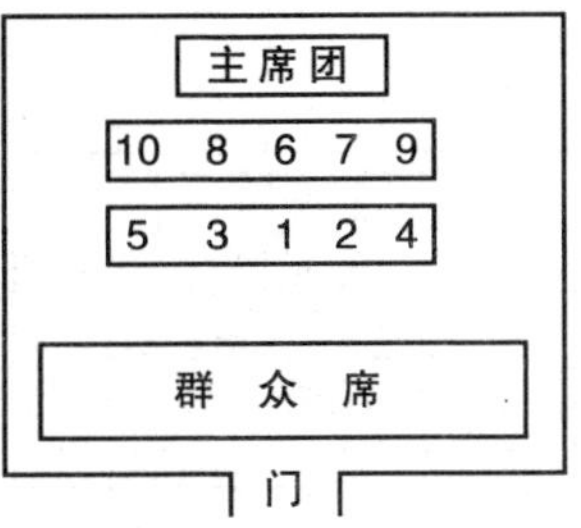

大型会议主席团排座之一

图 6–1

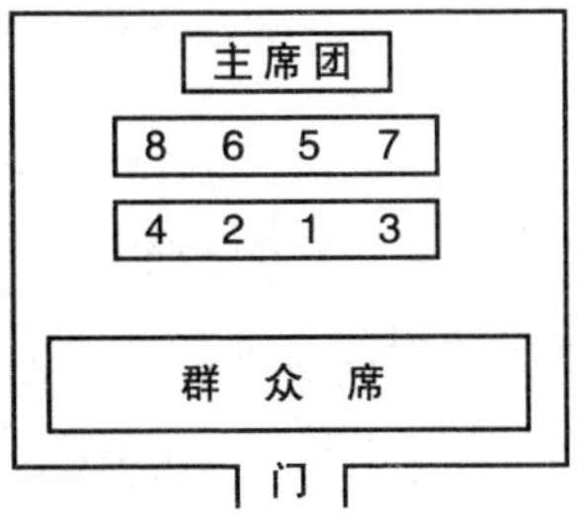

大型会议主席团排座之二

图 6–2

主持人座席。会议主持人（即大会主席）的具体位置在：①居于前排正中央；②居于前排的两侧；③按其具体身份排座，但不应该就座在后排。

发言者席位。发言者席位，又叫做发言席。在正式会议上，发言者发言的时候不宜坐在原处。发言席的常规位置可以在主席团的正前方，或者右前方。如图 6–3、6–4。

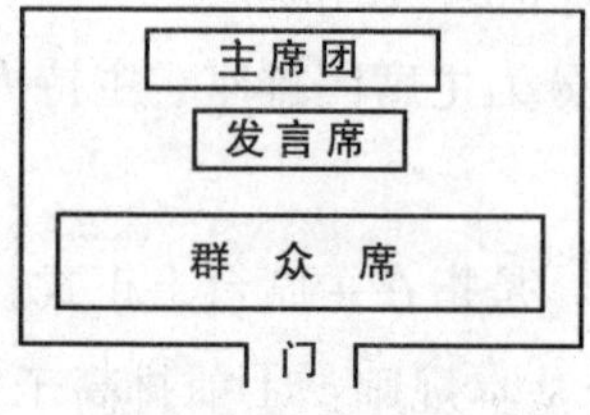

大型会议发言席位置之一

图 6–3

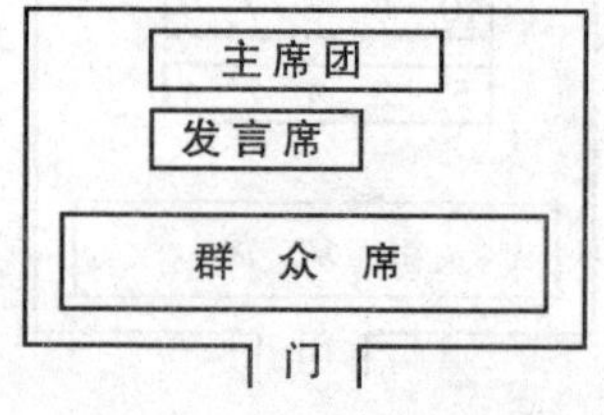

大型会议发言席位置之二

图 6–4

群众席排座。在大型会议上，主席台下的一切座席都是群众席。群众席的排座方式有二。

1）自由式择座。即不进行统一安排，而由大家各自择位而坐。

2）按单位就座。它指的是与会者在群众席上按单位、部门或者地位、行业就座。它的具体依据，既可以是与会单位、部门的汉字笔划的多少、汉语拼音字母的前后，也可以是其平时约定俗成序列。按单位就座时，如果分为前排后排，以前排为高，以后排为低；如果分为不同楼层，楼层越高，排序越低。

在同一楼层排座时，又有两种普遍通行的方式：①以面对主席台为基准，自前往后进行横排，②以面对主席台为基准，自左而右进行竖排。如

图 6–5、6–6。

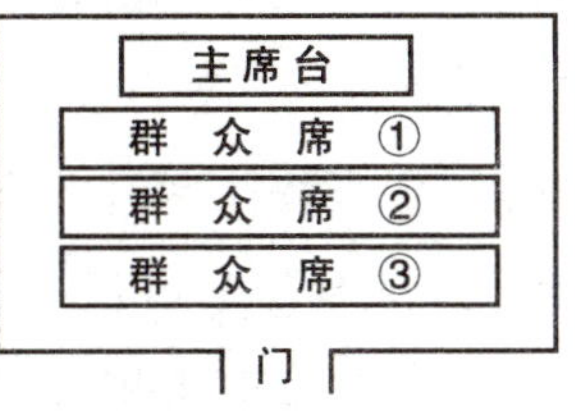

大型会议群众席排座之一

图 6–5

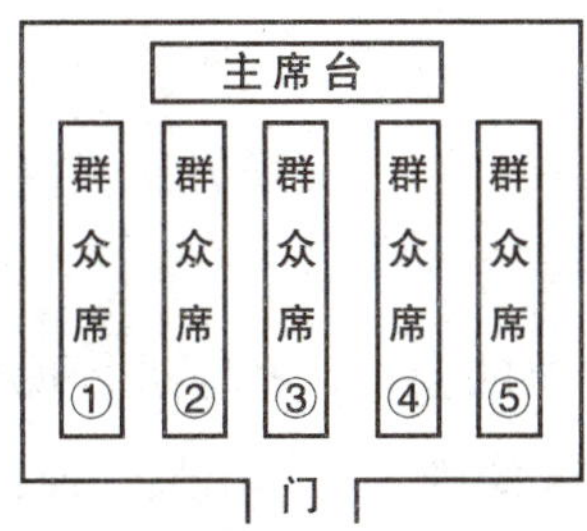

大型会议群众席排座之二

图 6–6

（二）会中服务

会议期间的服务，一般应该包括以下内容。

1. 接待服务

（1）引导服务

涉及到外单位的会议，还应有引导服务。非本单位参会者对会议地点不一定熟悉，所以应事先安排专门的工作人员对与会者进行引导服务。进行引导服务的引导人员，应形象良好，穿着正装并佩戴统一的工作证。可以在门口、饭店大厅、楼梯口、电梯口恭候来宾。看到与会者后，应点头微笑致意，同时问："您好，请问您是参加 ××× 会议的吗？"如果确认对方是与会者，可以伸出右手，拇指微曲，其他四指并拢，胳膊抬至齐胸高度，指向来宾应去的方向，同时说："您这边请……"

如果对方身份较高或者较年长，还应陪同引导到与会地点。陪同引导的时候，应走在来宾的左边。遇到拐弯、路有不平或者上下楼梯应同时用语言提醒“您这边请”、“您注意脚下”等。

（2）会议签到。为掌握到会人数，严肃会议纪律，大型会议或重要会议，通常都会要求与会者在入场时签名报到。会议签到的通行方式有三：一是签名报到；二是交券报到；三是刷卡报到。负责此项工作的人员，在报到完毕、进行统计之后就要及时向会议负责人通报。

（3）餐饮安排。举行较长时间的会议，一般会为与会者安排会间的工作餐。与此同时，还应为与会者提供卫生可口的饮料。与会者较多的时候，提供的饮料最好便于与会者自助饮用，不提倡为其频频斟茶续水。如果必要，还要为外来的与会者在住宿、交通方面提供力所能及、符合规定的方便条件。

（4）现场记录。凡重要的会议，都应进行现场记录，其具体方式有笔记、打印、录入、录音、录像等。可单用某一种，也可以交叉使用。

负责手写笔记会议记录时，对会议名称、出席人数、时间地点、发言内容、讨论事项、临时动议等基本内容要力求做到完整、准确、清晰。

（5）编写简报。有些重要会议，往往在会议期间要编写会议简报。编写会议简报的基本要求是快、准、简。快，是要求其讲究时效；准，是要求其准确无误；简，则是要求文字精炼。

2. 茶水服务

会议期间如果提供茶水服务，要注意以下几点：

（1）如果用茶叶，则茶叶不要用手直接抓取，而是要倒，或者用专用的勺取。

（2）倒茶的时候，应该是在客人落座之后，会议还没正式开始之前。倒茶的时候，可以从左往右、从右往左或者顺时针、逆时针方向依次进行。不能在客人正前方或正后方上茶，可以在客人的右侧，倒前轻声说一下：“打扰一下”。如果是用暖瓶斟茶倒水要远离桌面，并在距离杯口十公分左右的位置来操作。倒茶不要倒满，每次倒七八分满就行了。如果是有杯耳的茶杯，杯耳朝向客人，以方便客人端、接。

（3）如果人不多，只有客人和领导的时候，应先给客人敬茶再为领导敬茶以示对客人的敬意。

（4）敬完茶要先后退一、两步再转身离去。具体做法是：以基本站姿站立，一般女士先退右脚，将重心放在脚尖上，动作才漂亮，再将左脚后挪，转身离去。转身时要向人多的一侧或离出口近的一侧转体，不要给大家一个背影。

3. 合影安排

事先就要安排好站的位次，这样好对号入座，不能现场再排。否则，人数一旦多起来就容易混乱而且失控。合影的位次安排，遵守的是“以右为尊”的原则。

（三）参会礼仪

1. 主持人

会议的主持人，一般由具有一定职位的人来担任，其礼仪表现对会议能否圆满成功有着重要的影响。

主持人应衣着整洁，大方庄重，精神饱满，切忌不修边幅，邋里邋遢。要步伐稳健有力地走向主席台。一般应穿着正装。

入席后，如果是站立主持，要双腿并拢，腰背挺直。持稿时，右手持稿的底中部，左手五指并拢自然下垂。双手持稿时，要和胸齐高。坐姿主持时，应身体挺直，双臂前伸。两手轻按桌沿，主持过程中，切忌出现搔头、揉眼、抖腿等不雅动作。

主持人应根据会议性质调节会议气氛，或庄重，或幽默，或沉稳，或活泼。发言要口齿清楚，思维敏捷，简明扼要。

主持人对会场上的熟人不能随便打招呼，更不应寒暄闲谈。在会议开始前，或会议休息时间可以向熟人点头、微笑致意。

主持人宣布会议开始、邀请相关人员发言、宣布结束会议。如果是涉及到外单位的会议，主持人还要介绍自己、与会者特别是主要嘉宾。

2. 会议发言人

会议发言人要衣冠整齐，一般应穿着正装。走上主席台步态自然，刚劲有力，体现出一种成竹在胸、自信自强的风度和气质。

发言的时候口齿清晰，掌握好语速、音量，发言内容简明扼要。如果是书面发言，要时常抬头扫视一下会场，不能只顾低头读稿，旁若无人。

发言完毕应向全体与会者表示感谢。

如果有与会者对发言人提问，要礼貌作答；对不能回答的问题，应机智而礼貌地说明理由或者避开，对提问人的批评和意见应认真听取，即使提问者的批评是错误的，也不能失态。

要注意运用适当的身体语言，让自己的讲话更容易被与会者接受。千万不要摆出双手紧握或双臂交叉胸前的防卫姿势。为了能使自己的讲话内容被听众理解，就不要摆出说教式的动作，也就是那些指指点点表示强调、坐在台前交叉握双手、手指撑出一个高塔形状的动作，这些动作是骄傲自大的表现。

不论所讲的主题多么严肃，偶尔的微笑，用眼睛不时有意地环视会场上的每个人，既显示自信，又说明重视会场上的全体与会者。

3. 与会人员

除主持人、发言人之外的与会人员，要衣着整洁、仪表大方。服从会议组织者的安排，准时入场，仔细听讲、认真记录、进出有序。如果是隆重的会议，或是涉外会议，着装上更要规范，有制服的要穿制服，没有制服的至少不要穿休闲装、运动装参会。

出席会议前要把该做的预备工作都做好：准备记录的笔记本、笔等，会议中不要随便向别人借东西，以免打扰别人。

进入会场要关机或调成振动状态

图 6–7

进入会场之后，要把自己的手机关闭或调成振动状态。如图 6-7。

开会的时候要尊重会议主持人和发言人。当别人讲话的时候，要认真倾听，可以记录下和自己工作相关的内容。

如果想发言应该举手，等待会议主持人示意后再站起来发言，发言的时候声音要洪亮，保证所有与会者都能听到。如果是人数很少的会议，特别是像圆桌会议这样的会议，则可以坐着说。

不要在别人发言的时候交头接耳、随意走动、看书、抽烟、吃零食、睡觉、玩手头的东西等。即使对发言人的意见不满，也不可以有吹口哨、鼓倒掌、喧哗起哄等失礼行为。

会中尽量不要离开会场，如果必须离开，要轻手轻脚，以不影响发言者和其他与会者。如果长时间离开或提前退场，应该和会议组织者打招呼，说明理由，征得同意后再离开。

4. 提高会议效率

（1）改进会议方式

对于一般性会议，可以召开无会场会议，比如运用现代通讯设备：电视、广播、电话、互联网进行开会，可以大幅度节约会议成本。

（2）集中主题

一次会议上不管安排几项会议内容，都要使会议主题明确，删掉那些可有可无的内容。这样既方便讨论，又方便执行。

（3）限定时间

对于会议的起止时间、发言时间、讨论时间，事先都要明确规定，并且严格执行。

（4）强调会议结果

每次开会在会议结束时，必须形成决议，需要落实的，明确责任人、监督人。不允许开无结果会议。

（5）领导示范

提高会议效率，领导的示范是必须的。准时参加会议，并严格遵守会议礼仪；带头控制发言时间等。

会议的目的是为了增加彼此面对面的沟通，提高工作效率。良好的会议风范，既是尊重其他与会人员，也是尊重自己。

（四）会后工作

会议结束，要做好必要的后续工作，以便使之有始有终。后续工作有三项。

1. 形成文件

这些文件包括会议决议、会议纪要等。一般要求尽快形成，会议一结束就要下发或公布。

2. 处理材料

根据工作需要和有关保密制度的规定，在会议结束后应对与其有关的一切图文、声像材料进行细致的收集、整理。收集、整理会议材料时，要遵守规定与惯例，应该汇总的材料，一定要认真汇总；应该存档的材料，要一律归档；应该回收的材料，一定要如数收回；应该销毁的材料，则一定要仔细销毁。

3. 协助返程

大型会议结束后，主办单位应该为外来与会者提供一切返程的便利。可以主动为对方联络、提供交通工具，或是替对方订购、确认返程的机票、船票、车票。当团队与会者或与会的重要人士离开本地时，还要安排专人送行，并帮助其托运行李。

二、签约仪式

签约，即合同的签署。它往往标志着有关各方相互之间的关系取得更大的进展。所以，签约都会被有关各方所重视。本节介绍的，是指签约双方或多方，签约时隆重的签约仪式。

（一）组织与准备

在签署合同之前，要做好以下几个步骤的准备工作。

1. 布置签字厅

签字厅有常设专用的，也可以临时用会议厅、会客室来代替。布置签字厅的总原则，是要庄重、整洁、清静。

一间标准的签字厅，应当室内满铺地毯，除了必要的签字用桌椅外，其他一切的陈设都不需要。正规的签字桌应为长桌，其上最好铺上深绿色的呢子布。

按照仪式礼仪的规范，签字桌应当横放在室内。在签字桌后面，可以放置两张座椅，供签字人就座。签署多边性合同时，可以仅放一张座椅，供各方签字人签字时轮流就座；也可以为每位签字人都各自提供一张座椅。签字人在就座时，一般应当面对正门。

在签字桌上，循例应事先安放好待签的合同文本以及签字笔、吸墨器等签字时所用的文具。

与外商签署涉外合同时还需要在签字桌上插放有关各方的国旗。插放国旗时，在其位置与顺序上，必须按照礼宾序列而行。例如，签署双边性涉外合同时，有关各方的国旗须插放在该方签字人座椅的正前方。

2. 排好座次

在正式签署合同时，各方代表对于礼遇往往都非常在意，所以要对签字仪式上最能体现礼遇高低的座次问题，应当认真对待。

签字时各方代表的座次，是由主方代为先期排定的。合乎礼仪的作法是：在签署双边性合同时，应请客方签字人在签字桌右侧就座，主方签字人则应同时就座于签字桌左侧。双方各自的助签人，应分别站立于各自一方签字人的外侧，以便随时对签字人提供帮助。也可以按照职位的高低，依次自左至右（客方）或是自右至左（主方）地列成一行，站立于己方签字人的身后。当一行站不完时，可以按照以上顺序并遵照“前高后低”的惯例，排成两行、三行或四行。原则上，双方随员人数，应大体上相近。

在签署多边性合同时，一般公设一个签字椅。各方签字人签字时，须依照有关各方事先同意的先后顺序，依次上前签字。他们的助签人，应随时一同行动。在助签时，依“右高左低”的规矩，助签人应站立于签字人的左侧。在此同时，有关各方的随员，应按照一定的序列，面对签字桌就座或站立。

3. 备好合同

在正式签署合同之前，应由举行签字仪式的主办方负责准备待签合同的正式文本。

举行签字仪式，是一桩严肃而庄重的大事，因此不能将“半成品”交付其使用；或是临近签字时，有关各方还在为某此细节而纠缠不休。在决定正式签署合同时，就应当拟定合同的最终文本。它应当是正式的、不再进行任何更改的标准文本。

待签的合同文本，应用精制的白纸印成，按大八开的规格装订成册，并以高档质料，如真皮、金属、软木等作为封面。

4. 规范服饰

签约仪式是非常正式的活动。所以，签字人、助签人以及随员，在出席签字仪式时，应当穿着具有礼服性质的深色西装套装、中山装套装或西装套裙，并且配以白色衬衫与深色皮鞋。男士还必须系上单色领带，以示正规。

签字仪式上的礼仪人员、接待人员，可以穿自己的工作制服，或是女礼仪人员、接待人员也可以穿着旗袍一类的礼仪性服装。

（二）签字程序

签字仪式是签署合同的高潮，它的时间不长，但程序规范、庄重而热烈。签字仪式的正式程序一共分为四项。

1. 签字仪式正式开始

有关各方人员进入签字厅，在既定的位次上各就各位。

2. 签字人正式签署合同文本

通常的作法，是首先签署己方保存的合同文本，再接着签署他方保存的合同文本。

按照惯例：每个签字人在由己方保留的合同文本上签字时，按惯例应当名列首位。因此，每个签字人均应首先签署己方保存的合同文本，然后再交由他方签字人签字。这一作法，在礼仪上称为“轮换制”。它的含义，是在位次排列上，轮流使有关各方均有机会居于首位一次，以显示机会均等，各方平等。

3. 签字人正式交换已经有关各方正式签署的合同文本

这时候，各方签字人应热烈握手，互相祝贺，并相互交换各自一方刚才使用过的签字笔，以示纪念。全场人员应鼓掌，表示祝贺。

4. 共饮香槟酒互相道贺

交换已签的合同文本后，有关人员，尤其是签字人当场干上一杯香槟酒，是国际上通行的用以增添喜庆色彩的做法。

在一般情况下，合同在正式签署后，应提交有关方面进行公证，此后才正式生效。

三、新闻发布会

新闻发布会，也称记者招待会。它是一种主动传播有关信息，希望新闻界对某一社会组织或某一活动、事件按照其所希望的角度进行报道的沟通方式。

新闻发布会礼仪至少应当包括：会议的筹备、媒体的邀请、现场的应酬、善后的事宜等四个主要方面。

（一）会议筹备

新闻发布会的准备工作较多。其中最重要的是要做好确定主题、选择时空、安排人员、准备材料等四方面的工作。

1. 确定主题

决定召开一次新闻发布会之后，即应首先确定其主题。新闻发布会的主题，指的是新闻发布会的中心议题。主题确定是否得当，往往直接关系到本单位的预期目标能否实现。一般而言，新闻发布会的主题大致上共有三种：①发布消息；②说明活动；③解释事件。

2. 选择时空

新闻发布会的时空选择，指时间、地点的选择。对这两个具体问题不加重视，即便主题再好，新闻发布会也往往难于奏效。

一般来说，一次新闻发布会所使用的全部时间，应当限制在两个小时以内。选定举行新闻发布会的时间时，还要注意：①要避开节日或假日；②要避开本地的重大社会活动；③要避开其他单位的新闻发布会；④要避开与新闻界的宣传报道重点撞车或相左。否则，难以吸引媒体前来，也就达不到预期效果了。

通常认为，举行新闻发布会的最佳时间，是周一至周四的上午十点至十二点，或是下午二点至五点左右。这些时间内，绝大多数人都是方便与会的。

新闻发布会举行的地点，除可以考虑本单位本部所在地、活动或事件所在地之外，还可优先考虑首都或其他影响巨大的中心城市。必要时，还可在不同地点举行内容相似的新闻发布会。举行新闻发布会的现场，应交通方便、条件舒适、面积适中，本单位的会议厅、宾馆的多功能厅、当地最有影响的建筑物等，都可以考虑。

3. 安排人员

在准备新闻发布会时，主办者一方必须精心作好有关人员的安排。与其他会议所不同的是，新闻发布会的主持人、发言人选择是否得当，往往直接关系到会议成败。因此，安排新闻发布会的人员，首先要选好主持人与发言人。

按照常规，新闻发布会的主持人大都应当由主办单位的公关部长、办公室主任或秘书长担任。他的基本条件是：仪表堂堂、见多识广、反应灵活、语言流畅、幽默风趣，善于把握大局、长于引导提问，并且具有丰富的主持会议的经验。

新闻发布会的发言人一般是会议的主角，因此通常应由本单位的主要负责人担任。除了在社会上口碑较好、与新闻界关系较为融洽之外，对他的基本要求还应当包括：修养良好，学识渊博，思维敏捷，记忆力强，善解人意，能言善辩，彬彬有礼等。

除了要慎选主持人、发言人之外，还须精选一些本单位的员工负责会议现场的礼仪接待工作。依照惯例，他们最好是由品行良好、相貌端庄、工作负责、善于交际的年轻女士担任。

为了宾主两便，主办单位所有正式出席新闻发布会的人员，均须在会上正式佩戴事先统一制作的姓名胸卡。其内容包括姓名、单位、部门与职务。

4. 准备材料

在准备新闻发布会时，主办单位通常需要事先委托专人准备好如下四方面材料。

（1）发言提纲

它是发言人在新闻发布会上进行正式发言时的发言提要。发言提纲既要紧扣主题，又必须全面、准确、生动、真实。

（2）问答提纲

为了使用使发言人在现场正式回答提问时表现自如，不慌不忙，事先可对有可能被提问的主要问题进行预测，并就此预备好针锋相对的答案，以使发言人心中有数，必要时予以参考。

（3）宣传提纲

为了方便新闻界人士在进行宣传报道时抓住重点、资讯翔实，主办单位可事先精心准备好一份以有关数据、图片、资料为主的宣传提纲，并且认真打印出来，在新闻发布会上提供给每一位外来的与会者。在宣传提纲上，通常应列出单位名称及联络电话、传真号码，以供新闻界人士核实之用。

（4）辅助材料

如果条件允许，可以在新闻发布会的举办现场预备一些可强化会议效果的形象化视听材料，例如，图表、照片、实物、模型、沙盘、录音、录像、影片、幻灯、光碟等，以供与会者利用。在会前或会后，也可以安排与会者进行一些必要的现场参观或展览、陈列参观。应当注意的是，切勿弄虚作假，切勿泄露商业秘密。

（二）媒体邀请

在新闻发布会上，主办单位的交往对象自然以新闻界人士为主。在事先考虑邀请时，必须有所选择、有所侧重。

1. 邀请哪些媒体

决定召开新闻发布会之后，邀请哪些媒体的新闻人士先要了解其主要特点。目前，新闻媒体大体分为电视、报纸、广播、杂志、网络等五种。它们各有所长，各有所短。电视的优点是：受众广泛，真实感强，传播迅速；其缺点是：受时空限制，不容易保存。报纸的优点是：信息容量大，易储存查阅，覆盖面广大；其缺点是：感染力差，不够精美。广播的优点是：传播速度快，鼓动性极强，受限制较少；其缺点是：稍纵即逝，选择性差。杂志的优点是：印刷精美，系统性强，形式多变；其缺点则是：出版周期较长，读者相对较少。网络的优点是：受众广泛，传播迅速；其缺点是：容易受条件限制，不直观、不权威。了解了上述各种新闻媒体的主要优缺点，并在对其邀请时加以考虑，才不至于走弯路。

在邀请新闻界人士时必须有所侧重。不论是邀请一家还是数家新闻单位参加新闻发布会，主办单位都要尽可能地优先邀请那些影响巨大、主持正义、报道公正、口碑良好的新闻单位人员到场。此外，还应根据新闻发布会的具体性质，确定是要邀请全国性新闻单位、地方性新闻单位、行业性新闻单位同时到场，还是只邀请其中的某一部分。如拟邀请国外新闻单位到会，除了要看有无实际需要之外，还需遵守有关的外事纪律，并且事先报批。

2. 如何协调关系

新闻界人士是新闻发布会上的主宾。主办单位如欲取得新闻发布会的成功，就必须得到对方的配合，并与之协调好相互关系。主办单位，特别是主办单位的主要负责人和公关人员在与新闻界人士打交道时要注意：①要把新闻界人士当作自己的朋友对待，既要尊重友好，更要坦诚相待；②要对所有与会的新闻界人士一视同仁，不要有明显的亲疏举动、厚此薄彼；③要尽可能地向新闻界人士提供对方所需要的信息，要注重信息的准确性、真实性与时效性，不要弄虚作假，爆炒旧闻；④要与新闻界人士保持联络，要注意经常与对方互相沟通信息，常来常往，争取双方建立持久的关系。

（三）现场应酬

在新闻发布会正式举行的过程中，往往会出现种种问题，甚至还会有难以预料到的情况或变故出现。要应付这些难题，确保新闻发布会的顺利进行，除了要求主办单位的全体人员齐心协力、密切合作之外，最重要的是代表主办单位出面应付来宾的主持人、发言人，要善于沉着应变、把握全局。

1. 注意外表

毫无疑问，在新闻发布会上，代表主办单位出场的主持人、发言人，是被新闻界人士视为主办单位的化身和代言人。而在新闻发布会召开之后，他们则更是有可能在不少新闻媒体上纷纷亮相。在广大社会公众眼里，他们通常被与本单位的整体形象划上了等号，甚至决定了社会公众对主办单位的态度与评价。所以，主持人、发言人对于自己的外表，尤其是仪容、服饰、举止，一定要事先进行认真的修饰。

按惯例，主持人、发言人要进行必要的化妆，并且以化淡妆为主。发型应当庄重而大方。男士宜穿深色西装套装、白色衬衫、黑袜黑鞋，并且打领带，女士则宜穿着单色套裙、肉色丝袜、高跟皮鞋。服装必须干净、挺括，一般不宜佩戴手饰。如图 6–8。

在面对新闻界人士时，主持人、发言人都要注意做到举止自然而大方。要面带微笑，目光炯炯，表情松驰，坐姿端正。一定要克服某些有损个人形象的不良举止，如：抓搔头皮，紧咬嘴唇，眼向上翻，东张西望，不看听众，以手捧头，双脚乱抖，反复起立，交头接耳，表情呆滞，不苟言笑等。

发言人必须重视自己的形象

图 6–8

2. 注意配合

主持人和发言人在新闻发布会上的默契配合非常重要。要真正做好相互配合：①要分工明确，②要彼此支持。

在新闻发布会上，主持人与发言人分工有所不同，因此必须各尽其职，才有配合可言。不能越俎代庖、替人代劳。主持人要做的，主要是主持会议、引导提问；发言人要做的，则主要是主旨发言、答复提问。有时，在重要的新闻发布会上，为慎重起见，主办单位往往会安排数名发言人同时出场。如果发言人不止一人，事先必须进行好内部分工，各管一段。否则人多了，话反而没人说，或是抢着说。一般来讲，发言人的现场发言应分为两个部分，首先进行主旨发言，接下来才回答疑问。当数名发言人到场时，只需一人进行主旨发言即可。

主持人、发言人的彼此支持，在新闻发布会上通常是极其重要的。在新闻发布会进行期间，主持人与发言人必须保持一致的口径，不允许公开顶牛、相互拆台。当新闻界人士提出的某些问题过于尖锐或难于回答时，主持人要想方设法转移话题，不使发言人难堪。而当主持人邀请某位新闻记者提问之后，发言人一般要给予对方适当的回答。不然不论对新闻记者还是对主持人来讲，都是非常失敬的。

3. 注意讲话分寸

在新闻发布会上，主持人、发言人的一言一行，都代表着主办单位，必须把握好自己的讲话分寸。

（1）简明扼要

不管是发言还是答问，都要条理清楚、重点集中，让人既一听就懂、又难以忘怀。在新闻发布会上有意卖弄口才、口若悬河，往往是不讨好的。

（2）提供新闻

新闻发布会，自然就要有新闻发布。新闻界人士就是特意为此而来的，所以在不违法、不泄密的前提下，要善于满足对方在这一方面的要求。至少，也要在讲话中善于表达自己的独到见解。

（3）生动灵活

在讲话之际，讲话者的语言是否生动，话题是否灵活，往往直接影响到现场的气氛。面对冷场或者冲突爆发在即，讲话者生动而灵活的语言，往往可以使之化险为夷。因此，适当地采用一些幽默风趣的语言、巧妙的典故，也是必不可少的。

（4）温文尔雅

新闻记者大都见多识广，加之又是有备而来，所以他们在新闻发布会上经常会提出一些尖锐而棘手的问题。遇到这种情况时，发言人能答则答，不能答则应当巧妙地进行闪避，或是直接告之“无可奉告”。无论如何，都不要对对方恶语相加，甚至粗暴地打断对方的提问。吞吞吐吐、张口结舌，也不会给人好印象。唯有语言谦恭敬人、高雅脱俗，才会不辱使命。

（四）善后事宜

新闻发布会举行完毕之后，主办单位应在一定时间内进行一次评估善后工作，应从以下几项做。

1. 了解新闻界反应

新闻发布会结束之后，应对照一下现场所使用的来宾签到簿与来宾邀请名单，核查一下新闻界人士的到会情况。据此可大致推断出新闻界对本单位的重视程度。对到会的新闻界人士有两件事要做：①了解一下与会者对此次新闻会的意见或建议，尽快找出自己的缺陷与不足；②要了解一下与会的新闻界人士中有多少人发表了新闻稿。

2. 整理保存会议资料

整理保存新闻发布会的有关资料，不仅有助于全面评估会议效果，而且还可以为此后举行同一类型的会议提供借鉴。需要主办单位认真整理保存的新闻发布会的有关资料，大致可以分为两类：①会议自身的图文声像资料。它包括在会议进行过程中所使用的一切文件、图表、录音、录像，等等；②则是新闻媒介有关会议报道的资料，它主要包括在电视、报纸、广播、杂志上所公开发表的涉及到此次新闻发布会的消息、通讯、评论、图片，等等。具体上可以分为有利报道、不利报道、中性报道三类。

3. 酌情采补救措施

在听取了与会者的意见、建议、总结了会议的举办经验，收集、研究了新闻界对于会议的相关报道之后，对于失误、过错或误导，都要主动采取一些必要的对策。对于在新闻发布会之后所出现的不利报道，特别要注意具体分析、具体对待。这类不利报道大致可分三类：①事实准确的批语性报道。对于批语性报道，主办单位应当闻过即改，虚心接受。②失实性报道。对于失实性报道，主办单位应通过适当途径加以解释、消除误解。③敌视性报道。对于敌视性报道，主办单位则应在讲究策略、方式的前提下据理力争、立场坚定，尽量为自己挽回声誉。

四、开业庆典

开业庆典，是指在单位创建、开业，项目完工、落成，某一建筑物正式启用，或是某项工程正式开始之际，为了表示庆贺或纪念，而隆重举行的专门的仪式。

（一）基本原则

筹备开业庆典，首先在指导思想上要遵循“热烈”、“节俭”与“缜密”的基本原则。所谓“热烈”，是指要想方设法在开业庆典的进行过程中营造出一种欢快、喜庆、隆重而令人激动的氛围，而不应令其过于沉闷、乏味。开业庆典与其平平淡淡、草草了事地走过场，反倒不如不办。

所谓“节俭”，要求主办单位勤俭持家，在举办开业庆典以及为其进行筹备工作的整个过程中，在经费的支出方面量力而行。节制、俭省。反对铺张浪费，暴殄天物。该花的钱要花，不该花的钱没有必要乱花。

所谓“缜密”，则是指主办单位在筹备开业庆典时，既要遵循礼仪惯例，又要具体情况具体分析，认真策划，注重细节，分工负责，一丝不苟，力求周密、细致，严防百密一疏，临场出错。

（二）前期工作

1. 舆论宣传

既然举办开业庆典的主旨在于塑造本单位的良好形象，那么就要对其进行必不可少的舆论宣传，以吸引社会各界对自己的注意，争取社会公众对自己的认可或接受。为此要做的常规工作有：①选择有效的大众传播媒介，进行集中性的广告宣传。其内容多为：开业庆典举行的日期、开业庆典举行的地点、开业之际对顾客的优惠、开业单位的经营特色，等等。②邀请有关的大众传播界人士在开业庆典举行之时到场进行采访、报道，以便对本单位进行进一步的正面宣传。

2. 来宾约请

开业庆典影响的大小，实际上往往取决于来宾的身份的高低与其数量的多少。在力所能及的条件下，要力争多邀请一些来宾参加开业庆典。地方领导、上级主管部门与地方职能管理部门的领导、合作单位与同行单位的领导、社会团体的负责人、社会贤达、媒体人员，都是邀请时应予优先考虑的重点。为慎重起见，用以邀请来宾的请柬应认真书写，并应装入精美的信封，由专人提前送达对方手中，以便对方早作安排。

3. 布置场地

开业庆典多在开业现场举行，其场地可以是正门之外的广场，也可以是正门之内的大厅。按惯例，举行开业庆典时宾主一律站立，故一般不布置主席台或座椅。为显示隆重与敬客，可在来宾尤其是贵宾站立之处铺设红色地毯，并在场地四周悬挂横幅、标语、气球、彩带、宫灯。此外，还应当在醒目之处摆放来宾赠送的花篮、牌匾。来宾的签到簿、本单位的宣传材料、待客的饮料等等，亦须提前备好。对于音响、照明设备，以及开业庆典举行之时所需使用的用具、设备，必须事先认真进行检查、调试，以防其在使用时出现差错。

（三）现场工作

1. 做好接待

在举行开业庆典的现场，一定要有专人负责来宾的接待服务工作。除了要教育本单位的全体员工在来宾的面前，人人都要以主人翁的身份热情待客，有求必应，主动相助之外，更重要的是分工负责，各尽其职。在接待贵宾时，需由本单位主要负责人亲自出面。在接待其他来宾时，则可由本单位的礼仪小姐负责。若来宾较多，须为来宾准备好专用的停车场、休息室，并应为其安排饮食。

2. 馈赠礼品

举行开业庆典时赠予来宾的礼品，一般属于宣传性传播媒介的范畴。若能选择得当，必定会产生良好的效果。根据惯例，向来宾赠送的礼品应具有三大特点：①宣传性。可选用本单位的产品，也可以礼品及其外包装上印有本单位的企业标志、广告用语、产品图案、开业日期，等等。②荣誉性。要使之具有一定的纪念意义并且使拥有者对其珍惜、重视，并为之感到光荣和自豪。③独特性。它应当与众不同，具有本单位的鲜明特色，使人一目了然，并且可以令人过目不忘。

3. 程序拟定工作

从总体上来看，开业庆典大都由开场、过程、结局三大基本程序所构成。开场，即奏乐，邀请来宾就位，宣布仪式正式开始，介绍主要来宾。过程，是开业庆典的核心内容，它通常包括本单位负责人讲话，来宾代表致词（本书第七讲有致词内容专门介绍），启动某项开业标志，等等。结局，则包括开业庆典结束后，宾主一道进行现场参观、联欢、座谈等等。它是开业庆典必不可少的尾声。为使开业庆典顺利进行，在筹备之时，必须要认真草拟具体的程序，并选定称职的仪式主持人。

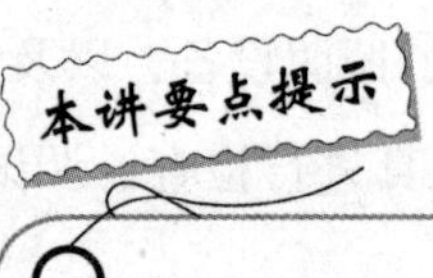

1. 工作会议的会中服务要注意哪些礼仪？

2. 签字仪式的程序是什么？

3. 开业庆典的现场工作要注意哪些礼仪？

第七讲

文书礼仪
WEN SHU LI YI

【案例鉴赏】

不服气的赵刚

马上就要过年了，经理让赵刚草拟一封感谢信和准备的礼物一并邮寄给公司所有客户，以感谢他们在这一年里对公司的信任和支持。

赵刚是新跳槽来的业务骨干。这样的感谢信虽然他从没写过，但却不以为然："一年几百万的单子都做得了，一封感谢信算得了什么？"赵刚三下五除二地写好感谢信，交给了经理。

经理看了之后皱着眉头说："你这是感谢信吗？哪儿有感谢？还改天再请人吃饭？"经理看了一眼赵刚，接着说："你以为都是很熟的哥们儿？感谢信毕竟是书面的、正式的信函，你以为这是私下里说话吗……"

赵刚有点不服气地嘟囔着："直接寄东西过去不就完事了嘛，非要整啥感谢信……"

人在职场，难免会与外界用文书形式进行书面往来：或是问候，或是邀约，或是馈赠，或是赠言。都要注意哪些礼仪呢?

一、问候文书

问候是日常交际活动中的重要内容，问候文书，就是用书面的形式问候别人，用以表现人与人之间的互相关心、互相体贴。

（一）注意事项

书面问候的撰写要注意礼仪表达的正确和感情表达的恰当。问候是礼仪性较强的行为，既要在字里行间饱含情感，礼与情应水乳交融，也忌讳虚情假意，更忌讳在表达感情时滥用形容词、表述夸张。礼仪情感如果表达不妥，就容易发生误会，甚至失礼，从而影响交际效果。书面问候的形式有名片、便条、书信、电报等，可以根据内容的繁简、礼的轻重、时间要求的快慢等选择使用。

（二）文书范例

1. 用名片便条问候

（1）名片问候

北京的兄长国昌，问候上海博瑞云公司的周昊。

名片问候，背面可以不用署名，对尊长、平辈可署成“名正肃”，对晚辈署名用“名正具”。

<table>
<tr>
<td>
上海博瑞云公司总经理
周　吴
留陈
国昌兄
北京市王府井街1号
</td>
<td>
近日因公务来沪，午间抽空来访未遇，
特留纸问候，并请代为向大伯问候。
名正具
正月十一日
</td>
</tr>
<tr>
<td>（正面）</td>
<td>（反面）</td>
</tr>
</table>

（2）便条问候

> 王老师：
>
> 今日来母校办事，本望师生能够会面，稍叙离情，不巧您正在上课。我因下午有会，须按时回公司，未能等您，特留纸问候，并请代向师母问好。
>
> 学生李华生
>
> 5月1日

2. 用书信问候

（1）问候上级领导

李局长：

去年初和您见面后，不觉到现在又是半年多了，想必您起居安适，心想事成，合府吉祥吧？很是惦念！我的身体尚好，其他一切如常。自委派来合肥负责办事处工作以来，常感能力菲薄，担此重大责任，深恐难以完成任务。幸而，托您的福气，业务开始顺利，生意兴旺，销售额有呈直线上升之势。今后，望您常来信指教，尤盼抽空亲自来我地检查指导，以便改进我们的工作。

顺祝

安好！

孙军

3月2日

（2）问候领导有所祈请

王经理：

很久没有写信向您问候了，近来我们总公司一切都挺好吗？今年上半年的销售额一定比去年好吧！周经理他们都还好吗？时在念中。自前年来到济南分公司已有两年多的时间了。两年多的驻外工作，大大增长了见识和阅历，您一定会为我高兴的。

我的父亲年纪也大了，身体越来越不好，需要有人照顾，孩子也才两岁，我妻子现在越来越感觉有些力不从心了。我非常期望明年您能将我仍调回上海总部工作，望得到您的同意。

专此，敬请

示复！

郭敬华敬上

11月1日

（3）问候客户（交往单位）

肖总：

近来可好！贵公司生意想必一定更加兴旺发达吧！去年和您的愉快合作的经历，及您严谨、细致的工作作风，至今仍令我难以忘怀、受益匪浅。祈盼今后仍有和您再次合作的机会，顺祝兴旺发达！

张三敬上

3月6日

二、邀约文书

（一）文书的写法

邀约，即日常交往中的邀请、邀集、约订等活动。这些交际活动中，有的是邀请中兼有约订，有的则纯属约订。邀请中自然总是具有一定礼仪内容的，约订就未必，有的其中有些礼仪内容，有的则属纯事务性乃至商业性内容。在写邀约文书的时候要注意邀约的性质，不要把邀请写成通知。

毫无疑问，书面方式的邀约比口头邀约更具交际效果。邀约的书面形式很多，有的形式随便些，有的形式郑重些，可根据交际内容与对象、场合的不同而加以选择运用。

（二）文书的形式

1. 用便条邀请

便条，是一种形式较随便的书面邀约形式，一般用于熟人之间。

> 孙国文兄：
>
> 兹与李军兄约定本周日同往香山看红叶，早八点在苹果园地铁口A口等你。
>
> 冯俊留上
>
> 11月1日

2. 用名片邀约

名片邀约，是一种比较正式的书面邀约形式。

李淑芬小姐
专送朝阳路65号
妹 苏 媛 媛 拜上

（正面）

明日中秋节，请于晚六时到朝阳公园北门会面，同往观灯赏月。
名正肃

（反面）

3. 请柬邀请

请柬，是一种正式而隆重的书面邀约形式。对方收到邀约后，一般还要回复对方参加与否。

××先生：
谨订于×月×日×午×时于西单图书大厦六层举行×××××座谈会，敬请光临
××××出版社

谨订于×月×日×午×时于××楼层会议室举行××××工程论证、答辩会，敬请光临指导
××局××工程组

4. 启事（新书预订）

启事是一种特殊的以告知为目的的邀约形式。

新产品将于 2008 年 4 月推出

型号：BJ-XW-0801

定价：1 万元 / 件，20 万元 / 箱。

预订方式：欲订购者请与我公司销售部预订科签订预订单（下附）一份。产品出产后，按订户约定数量，收到预定款后发书。

大华公司销售部预订科

地 址：北京市东三环中路 1 号

邮 编：100027

电 话：65721174

开户银行：工商银行建国路支行

帐 号：1234567890

5. 书信邀请

书信邀请，也是一种正式的邀约，既可用于熟人之间，又可用于正式场合。

（1）致友人

秀慧：

你好。多时不见，很是想念。

建华最近归国探亲，碰巧周卿也从厦门出差到京。我已邀他俩于本周六下午到前门全聚德一聚。届时阿华夫妇、冯文也来。望你能抽空前来（因周卿周日一早就要离京，所以无法安排在周日了）。

同学四载，一旦分手，便已十年。难得有此机会，请老兄务必参加。

匆此，即颂

夏安

昆阳

18 日

（2）周恩来致宋庆龄邀请参加筹备全国救济会议

宋副主席同志：

二月二十三日来函及关于全国救济会议两次建议书均奉悉。所示各项，亟待面商，甚盼先生能于四月一二日驾临北京，借出席政府委员会之便，就近指导全国救济会议之筹备。兹托罗叔章同志前来迎接，一切烦其面陈，恕不多及。

专此。敬颂

大安！ 周恩来 拜

三、馈赠文书

（一）基本写法

赠送他人的礼品，如果是亲自面交对方，则对所赠物品的说明及要表达的情意口头就可以完成了。但如果是托人送往或邮寄，或亲自送又不遇赠送对象的情况下，就需要馈赠文书协助处理。

馈赠文书内容基本上应由五部分组成：①馈赠对象的姓名、称谓；②所赠礼品的名称、数量；③请接纳的应酬语；④馈赠者署名及礼告敬辞；⑤时间词。馈赠常用的写作形式有便条、名片、礼贴等。应用时，要根据和馈赠对象的关系、馈赠的场合、礼物的轻重等具体情况而加以选择。

（二）文书的形式

1. 便条的使用

便条是非正式的馈赠文书，一般用于非常熟悉或关系较近的人之间。

近日去江西出差，购得细瓷茶具两套，现将其中一套奉上，敬乞哂纳。此上

××兄

弟×××拜上

×月×日

2. 名片的使用

名片是相对较正式的馈赠文书，一般用于对公交往中。

专送
新华路22号202室
孙国华
赵明总经理

（正面）

陪客户代表南下游览，从杭州
购得
上好龙井茶，兹送上两盒，伏望
哂纳。
名正肃

（反面）

3. 书信的使用

用书信形式表达的馈赠文书，是一种正式的、郑重地向对方表达馈赠情意的文书形式。

（1）年节送礼信

王华兄：

俗语说：“光阴似箭，日月如梭。”时间的逝去，真快得很！现在又快近除夕的日子了，我预备了一份薄礼，送上腊味十斤、饼干四盒、香烟五

罐、广橘一篓，请你全数收下，不要客气。

林明华上

1月20日

（2）送寿礼书

刘科长：

欣悉老伯父七旬大庆，做晚辈的虽不克登堂拜祝，但已略备一些贺礼，表示心意。左思右想，苦于没有适当的东西。现在将就定镌了这银盾，并特意刻上了“寿比南山”四字，两旁衬上一些松柏。谨借这吉利字画，向老人家表达贺寿之意！

周平

12月2日

四、赠言祝辞

（一）贺年类

又是一个美好的开始，愿我虔诚的祝福，带给您成功的一年。

鲜花呈现绚烂的笑，在此美好温馨的时刻，寄上我一份深深的祝福，祝您新年快乐。

在这美丽温馨的世界里，聆听大地的祝福，欢愉充满希望的一年，在佳节来临之际，祝福您每个岁月，充满着平安幸福。

愿所有的期许及祝福涌向你，让你佳节洋溢着喜悦，更望你一年比一年，更加璀璨美好。

但愿我最虔诚的祝福，带给您光辉灿烂的岁月，用一颗虔诚的心奉献上真诚，愿你在新的一年里，幸运多多，快乐盈盈。

祈望万千个祝福，环绕在你的前后，护佑着你的左右，为你带来无数个好运，为你带来无数年幸福，祝你：新年快乐！

明天将是新的一年，愿那崭新的日历，带给你无限希望，美好与幸运。

（二）一般祝福类

蓝天碧海总有边，只有友谊无尽处，用满杯真挚的友谊，给你祝福万千。

愿我们的友谊，如高山之永峙，如大海之不涸，愿缤纷喜悦的华彩，洋溢在你的生活里。

花的理想是吐艳，树的理想是长翠，灯的理想是放光，你的理想是创业，愿你的理想之花早日开放。

轻轻拾起我祝福的花瓣，把它轻轻地抛落在你心田，就在花瓣的芬芳里面，写着我执着的心愿……

（三）友谊类

真诚，是一座坚固的桥梁，是一条闪光的彩链，是雄心壮志的阶梯，是强大的精神支柱，谢谢你真诚的友谊。

感谢你让我感受友情带给我生活的绚丽。纵然无力改变自然，不得不听任时光流逝，依旧感谢上苍，曾给过我们相遇、相知的每一天。

逝去的岁月，似记忆中动人的乐曲，彼此的情怀，如千古传诵的诗句，友谊地久天长，愿祝福永远陪伴着你。

这浓浓的思念，送这贺卡飘向远方，带去我对你的祝福，愿你心悦神怡，事事如意。

惦记着微笑往事，怀念着欢乐笑声，愿这充满祝福的贺卡，带给你幸福快乐。

（四）恭贺类

1. 开业乔迁

祝贺你，又成功向前迈了一步。祝开业吉祥，事业越来越红火！大展宏图、大富启源！

同行增劲旅，商界跃新军。贺开业之喜！

举鹏程北汇南通千端称意，祝新业东成西就万事顺心。

莺迁仁里，燕贺德邻，恭贺迁居之喜，室染秋香之气。

新居迎百福，好地风光好。华屋辉生，燕喜新居春正暖。语燕啼莺入世家，喜气长留俭朴家，莺迁乔木日初长。

2. 新婚贺喜

相亲相爱幸福永，同德同心幸福长。愿你俩新婚愉快，幸福美满，激情永在，白头偕老，情比海深！

两情相悦的最高境界是相对两无厌，祝福一对新人真心相爱，相约永久！恭贺新婚之禧！

你们本就是天生一对，地造一双，而今共偕连理，今后更需彼此宽容、互相照顾，祝福你们！

由相知而相爱，由相爱而更加相知。人们常说的神仙眷侣就是你们了！祝相爱年年岁岁，相知岁岁年年！

愿快乐的歌声永远伴你们同行，愿你们婚后的生活洋溢着喜悦与欢快，永浴于无穷的快乐年华。谨祝新婚快乐！

3. 生日祝贺

青春的树越长越葱茏，生命的花越开越艳丽，在你生日的这一天，请接受我对你的深深祝福。

愿你在生日的日子里，充满绿色的畅想，金色的梦幻……

在你生日这一天，将快乐的音符，作为礼物送给你，愿你拥有365个美丽的日子！

愿你的生日伴随着幸福与喜悦，从日出到日落花的种子，已经含苞，生日该是绽开的一瞬，祝你的生命走向又一个花季！

静静地听，那悠悠的春风里，有春的馨香与祝福：生日快乐！

（五）节日类

1. 春　节

钟声响起，岁暮春醒。内心深处默默为你祝福，愿你：快乐年年！

在这最快乐的节日里，送上一个美好的祝愿。祝福您：合家快乐、幸福平安！

心在为你祈祷，祝你新春快乐，新岁平安，幸福伴随你的每一天。

愿这和煦的春风，带去温暖、欢乐与幸福，洋溢在你的每一寸时光。祝你：新春快乐、如意！

值此春回大地、万象更新之良辰，敬祝您福、禄、寿三星高照，阖府康乐，如意吉祥！

一片绿叶，饱含着它对根的情谊；一句贺词，浓缩了我对您的祝愿。又是一个美好的开始——新年岁首，祝成功和快乐永远伴随着您。

望我是今年第一个给你送来祝福的人，作为知己我只有打心底里对你说一句：愿你所有的愿望都能成功！

2. 元宵节

圆圆圆圆的月亮的脸，甜甜甜甜的鲜灵的汤圆，满满满满的盛给你一碗，装上我美美美美的元宵祝愿。

用我如火的热情煮一碗汤圆，温暖你正月的心情；把我的思念串成串挂在你心空，点缀你元宵夜的美梦！

一曲笙歌春似海，万家灯火夜如年。且看银灯欢五夜，共把金盏庆千年。祝你元宵节快乐！

正月里来是新春，十五花灯闹乾坤，汤圆味美香喷喷，祝你佳节福满身，好运和你不离分，万事如意永开心。

用呵护做糯米，揉捏进一颗真心，裹住美满与甜蜜，粘稠的浆汁是我良苦用心，愿它品出你节日什锦的心情！

共赏圆月一轮，喜迎元宵佳节。无论天南与地北，不论相聚与离别，举杯共庆元宵节！

喜迎元宵，送您一轮圆月！寄去祝愿，明月生辉度佳节！愿你在新的一年里，事事顺心！

3. 中秋节

祝福中秋佳节快乐，月圆人圆事事团圆。人顺心顺事事都顺。祝全家幸福、和气满堂、合家欢乐！

月圆家圆人圆事圆圆圆团团，国和家和人和事和和和美美。祝全家幸福、和气满堂、合家欢乐！

月有阴晴圆缺，人有悲欢离合。希望从今天起月亮永远是圆的，你永远是快乐的！祝你中秋节愉快！

送上香甜的月饼，连同一颗祝福的心……愿你过的每一天都像十五的月亮一样成功！

4. 圣诞节

圣诞树上耀眼的彩灯，那是我祈祷你平安一生，圣诞夜里悠扬的钟声，那是我祝福你快乐一生。

我向圣诞老人许了愿，我希望不管你的脚多臭，在明早当你穿起袜子时，能收到我托圣诞老人带给你的满满的祝福，暖暖你的心和脚丫子。

我没法去教堂为你祈祷，也没有圣诞的歌声，更没有圣诞的礼物，只在心里祈求，希望你健康每一天。

喜欢春天的生气盎然，夏天的翠绿荫荫，秋天的硕果累累，冬天的白雪皑皑，更喜欢在每年的这个时候，为我喜欢的人送去我的祝福：圣诞快乐！

圣诞将至，我许下了一个愿望，希望我的朋友都是幸福的，快乐的，没有烦恼，没有委屈，爱自己，幸福跟着来，温馨过圣诞。

当雪花飘落，寒风吹起，才发觉，浪漫的圣诞已经飘然而至，这一刻什么都可以忘记，唯独不能忘记的是向好朋友你说声：天冷了，注意身体，圣诞快乐！

五、现场活动致辞

现场活动致辞，就是在一些活动现场，或对开业，或对庆典类活动表达祝贺的发言辞，一般都应有开场白的称呼、问候、介绍举办这个活动（如是嘉宾，则是介绍来参加活动）的理由、这个活动的意义，最后还要表达感谢（如是嘉宾，则应表达祝愿）等。为了方便理解，我们直接以范文的形式进行一一展现。

（一）开业庆典

开业庆典致辞，我们分特邀嘉宾和本单位致辞两部分进行介绍。

1. 特邀嘉宾致辞

各位来宾，各位朋友：

大家好！

能够受邀参加华堂大酒店的开业庆典，我感到万分荣幸，在此，我谨代表新华区管委会，向华堂集团的盛情邀请表示衷心的感谢！

随着改革开放的深入发展，我市建立特大型城市、整体区域调整和行政中心的北迁，新华区将成为我市新的政治、文化中心，这给整个城市带来新的发展机遇，我们将看到一个崭新的、现代化的华东市。

经过八年的开发建设，新华区形成了优越的投资环境、较好的经济科技基础、便利的交通、日趋完善的配套设施、旺盛的人气，这一切使这里成为新的生活、发展领域和投资开发的热土，也是各企业家理想的创业场所。

华堂集团就是其中的一个优秀的创业者。近阶段以来，华堂立足于新华区，投资建设了许多具有深远意义和较大价值的项目。

作为新华区的行政管理部门，我们新华区人民政府按照市场经济的要求和国际惯例建立了精简、高效的管理体制，力求为各企业提供优质的创业环境和优越条件，方便和适应投资者的需求。今天，我们欣喜地看到，华堂大酒店圆满落成并开业！相信在不久的将来，它必定事业欣欣向荣，成为新华区经济和文化的视窗，成为周边企业的表率，并和他们携手共同繁荣新华区，实现华东市经济新的腾飞！

最后，我希望华堂大酒店能立足新区、稳步发展，客源倍至、生意兴盛！同时，也衷心的祝愿华堂集团的事业灿烂辉煌、如日中天！

预祝华堂大酒店开业庆典圆满成功！

谢谢大家！

2. 本单位致辞

各位领导，各们来宾，各界朋友：

今天是华信公司一个值得纪念的喜庆日子，我们在这里庆祝华信公司二分公司隆重开业，值此开业庆典之际，请允许我代表华信公司对二分公司的开业表示热烈的祝贺；对远道而来专程参加我们庆典活动的各位领导，各位来宾，各界朋友表示热烈欢迎。

华信公司是一个朝气蓬勃、充满活力、富有想象力和创造力的企业，历经数年的商海遨游，培养了我们诚信、稳健的为人之道，坚韧、求实的办事作风。我们成立二分公司，就是为了加大终端二级市场开发力度，以继续扩大华信公司产品在同行中的市场占有率。我们相信有上级主管部门的领导，有社会各界朋友的帮助，经过自身努力拼搏，华信公司一定会逐渐成长壮大，谨此，我向所有曾经关心、支持过我们的各界朋友表示衷心的谢意。

华信二分公司是一艘刚刚起航的航船，让我们一起建设更美好的明天；最后祝华信二分公司开业大吉，祝开业庆典圆满成功。

（二）周年庆典（特邀嘉宾致辞用）

各位来宾，各位朋友：

大家好！

能够受邀参加华远制衣十周年庆典联欢会，感到万分荣幸。在此，我向华远制衣和周昆先生的盛情邀请表示衷心的感谢！

1998年，周昆先生创办了华远制衣有限公司，专职从事童装生产、贸易业务，经过十年的发展，已成为拥有员工2000多人的大型企业。独创的童装以其活泼的风格、鲜明的形象深受消费者欢迎。华远制衣在周昆先生的正确领导下，经过全体员工的共同努力，业务蒸蒸日上，不断发展壮大。十年来，华远制衣已成为中国著名童装品牌，成为本行业引人瞩目的龙头企业。

众所周知，华远制衣有今天的辉煌，离不开周昆先生的英明决策和精心管理。我们坚信：华远制衣一定会更加兴旺发达，远华制衣的明天一定会更好。

新春佳节即将来临，我祝福华远制衣这个大家庭的兄弟姐妹们：身体健康、万事如意、春节愉快、合家团圆、美满幸福！

最后，祝庆典联欢会圆满成功！

谢谢大家。

（三）揭牌仪式

尊敬的各位领导、各位来宾、同志们、朋友们：

正值春节即将来临之际，我们隆重举行社区服务大楼落成庆典、揭牌仪式。在此，我谨代表全体员工向各级领导、各届同仁的光临表示热烈的欢迎，向为社区服务大楼顺利落成给予大力支持、帮助的各位领导、各个部门以及参与这次大楼建设的全体员工表示最诚挚的谢意！

近几年来，在各级党委、政府的正确领导下，在各位领导的大力支持下，在各位同仁的共同努力下，我们坚持“以民为本，为民解困”的根本宗旨，切实维护了广大人民群众的基本生活权益，解决了一些社会热点和难点问题，为促进全县经济发展和构建和谐社会做出了努力，做出了贡献。

今天气势恢弘、环境优美、集婚姻登记、低保、社会救助、政务服务于一体的社区服务大楼的建成，又为我县树立了新的形象，奠定了新的起点，改善了办公条件，美化了服务环境。

社区服务大楼的落成是为“十五”规划开好头、起好步的硬件设施建设，是我县民政工作完善功能、扩展容量、提升质量、不断发展的具体体现，在新的工作环境中，我们决不辜负上级领导和社会各界的殷切期望，我们将在新的起点，以崭新的姿态，切实增强责任感和使命感，牢固树立忧患意识，爱岗敬业、求真务实，与时俱进、开拓创新，为我县民政事业做出更新更大的成绩，为全县经济发展做出新的贡献。

最后，请让我代表全县人民，再次向所有关心和支持社区服务大楼建设的各级领导、各个部门、社会各界人士以及参加大楼建设的全体员工表示衷心的感谢和崇高的敬意！借此机会向各位拜个早年，恭祝各位领导、各位来宾身体健康，工作顺利，万事如意！

谢谢大家！

（四）落成典礼

尊敬的各位领导、各位嘉宾、朋友们、同志们：

大家好！

清风送爽，丹桂飘香，金色的十月是收获的时节，在市委、市政府和上级供电部门的关心和重视下，在各相关部门的大力支持下，在承建单位的辛勤努力下，我局电力生产调度大楼于今天落成。值此机会，我谨代表企业全体员工向各位领导、各位来宾和朋友们表示热烈的欢迎！向长期关心和支持地方电力事业发展的社会各界人士表示衷心的感谢！

我局电力调度大楼于 2005 年 1 月动工兴建，建设用地面积 1.1 公顷，建筑面积 2.6 万平方米，楼高 16 层，集电力调度自动化、办公自动化、通信、计算机网络系统于一体。电力调度大楼的落成，为提高 ×× 电网调度自动化和办公自动化水平打下了坚实的基础，标志着我市地方电力事业进入了一个新的发展阶段，是我市电力事业发展史上的又一座里程碑、一个新的起点。

近年来，我市电网建设得到了迅猛发展，上级电网公司支持了 5 亿多资金用于我市农网改造、城市配网改造和变电站技术改造等电网建设项目，到 2007 年底，我局固定资产达 6 亿元，是 5 年前的 5 倍，使我市电网的供电可靠性、供电质量和供电能力大大提高，全市年供电量达到 60 亿千瓦时，是五年前的2倍，对我市的经济发展起到了积极作用。

经济要发展，电力要先行。展望未来，任重而道远。我们将在上级电力部门和市委、市政府的领导下，把责任扛在肩上，把困难踩在脚下，把信心树在心里，把机遇握在手中，举全局之力，集全局之智，振奋精神，奋发拼搏，不断创新，积极工作，把我们的企业办成党和人民放心的企业，与全市人民一起共同建设我们美好的家园，迎接更加美好的明天！

祝各位领导、各位来宾、朋友们和同志们身体健康、万事如意！

谢谢大家！

（五）新年致辞

尊敬的全体干部职工、家属：

你们好！

三羊送春归，金猴迎春到。在新春佳节即将到来之际，我代表公司向一年来努力工作、辛勤付出、无私奉献的广大干部、职工及其家属致以新春的问候和崇高的敬意！

过去的一年，成绩斐然，令人骄傲。安全生产形势稳定；基本建设项目保质保量按期完成；售电量完成100亿千瓦时，同比增长45%；电费收缴，实现月清月结、年末结零；线损率完成62%，同比下降50个百分点，再创历史新低；利润指标超额完成；职工收入明显增加；多种经营健康发展；行风建设、优质服务工作在地方评比中位居首位。这些成绩的取得，是广大干部职工呕心沥血、顽强拼搏、扎实工作的结果。在此，我代表公司向你们表示衷心感谢！

春风即将撞响吉祥的钟声，我们将在同一个频率交响的共鸣时刻，寄托着新的希冀。新的一年，任务繁重，前途光明，让我们继续发扬以往好的传统和作风，谦虚谨慎，戒骄戒躁，在新的目标、新的任务统领下，同心同德、奋发有为，共同创造更加美好的未来。

祝广大干部职工家家幸福，人人安康，事事顺达，猴年吉祥！

本讲要点提示

1. 馈赠文书的基本写法应注意什么？

2. 现场活动致辞的基本格式是什么？

第八讲

涉外礼仪常识

SHE WAI LI YI CHANG SHI

【案例鉴赏】

老周的尴尬

公司和德国某公司有一个合作项目，双方技术人员要并肩合作一个月。公司安排老周任中方组长。

刚开始的几天，双方交流得很愉快。第三天的时候，发生了一件令老周尴尬的事情。

那天正是中午十二点多的时候，老周刚吃过午饭。德方技术人员 Tony 来找老周有事，老周热情地出来迎接，客气地寒暄："你吃了吗？" Tony 竟然一脸兴奋地反问道"我正饿着呢。老周，那就吃炸酱面好吗？"说着，就拉着一脸尴尬的老周进了面馆。

其实，我们的"你吃了吗？"就是和"你好"等同的问候语而已。可见在涉外交流中，由于中外文化的不同，即使在日常习惯、问候等小节方面，也会有截然不同的理解。

当今时代，无论是外宾来访，或者出国访问、交流，都成了平常的事情。涉外交往中，自己的个人形象已经不仅是个人形象、单位形象，更升华成国家的形象。如何与外宾平等共处、和睦相等、相互尊重，并表现得举止有度、不卑不亢，从而维护自己的人格国格，很大程度上取决于对涉外礼仪常识的了解与遵守。

一、中外文化的对比

由于中外历史、文化渊源等的不同，使中外在具体礼仪细节上有很多截然不同的地方。

（一）对待赞美

我们和外宾尤其是西方人在对待赞美的态度上大不相同。别人赞美我们的时候，尽管内心十分喜悦，但表面上仍要表现得不敢苟同的样子，对别人的赞美予以礼貌地否定，以示谦虚："还不行！""马马虎虎吧！""哪能与你相比啊！""过奖了！"等等。

而外宾特别是西方人，对待别人的赞美往往表现出欣然接受的样子，总是用"Thank you"来应对别人的赞美。

（二）待客和做客

我们与人相处的时候，总是习惯从自己的角度去为别人着想。这表现在待客和做客上，尽责的客人总会尽量不去麻烦主人，不让主人破费，因而对于主人的招待会礼貌地加以谢绝。如，主人问客人想喝点什么饮料，客人一般会说"我不渴"或"不用麻烦了"；主人在餐桌上为客人斟酒，客人总要加以推辞，说"够了，够了"。而事实上，客人并不一定是不想喝，往往只是客气而已。所以，称职的主人不会直接问客人想要什么，而是主动揣摩客人的需求，并积极地给予满足。在餐桌上，殷勤好客的主人总是不停地给客人劝酒劝菜。

而外宾特别是西方人，无论是主人还是客人，大家都非常直率，无需客套。当客人上门，主人会直截了当地问对方“想喝点什么”；如果客人想喝点什么，可以直接反问“有什么饮料”，并选择一种自己喜欢的饮料；如果客人确实不想喝，客人会说“谢谢！我不想喝”，主人就不会再给你拿什么饮料。在餐桌上，主人会问客人还要不要再来点，如果客人说够了，主人一般不会再向客人劝吃请喝。

（三）谦虚和自我肯定

我们一直视谦虚为美德。不论是对于自己的能力还是成绩，总是喜欢自谦。如果不这样可能会被指责为“不谦虚”、“狂妄自大”。如，对于自己取得的成绩，总会说：“我取得的这点成绩，微不足道”；宴会上，好客的主人面对满桌子的菜却说：“没有什么菜，请随便吃”；当被领导委以重任的时候，通常会谦虚地说：“我恐怕难以胜任”。

而外宾特别是西方人没有自谦的习惯。他们认为，一个人要得到别人的承认，首先必须自我肯定。所以，他们对于自己的能力和成绩总是实事求是地加以评价。宴请的时候，主人会详尽地向客人介绍所点菜的特色，并希望客人喜欢；而被领导委以重任的时候，他们会感谢领导，并表示自己肯定能干好。

（四）劝告和建议

无论是中国人，还是外宾，都喜欢向自己的亲朋好友提一些友好的建议和劝告，以示关心和爱护。但中外在提劝告和建议的方式上却有很大区别。

中国人向朋友提建议和劝告的时候，往往都非常直接，常用“应该”、“不应该”，“要”、“不要”这些带有命令口气的词。如，“天气很冷，要多穿点衣服，别感冒了！”、“路上很滑，走路要小心！”、“你要多注意身体！”、“你该刮胡子了！”、“你该去上班了！”等。

而外宾特别是西方人在向亲朋好友提劝告和建议的时候，措辞非常婉转，如，“今天天气很冷，我要是你的话，我会加件毛衣”、“你最好还是把胡子刮了吧”。一般来说，双方关系越接近，说话的语气越直接。但即使是最亲密的人之间，也不会使用像我们那样的命令语气。否则，会被认为不够尊重独立的人格。

（五）个人隐私权

外宾非常注重个人隐私权。在日常交谈中，大家一般不会涉及对方的“私人问题”。如果擅自触及这些“雷区”，很容易招至对方的反感。这些“雷区”是：

1. 年　龄

不要当面问客人的年龄，尤其是女士。也不要绕着弯想从别处打听他人的年龄。如图 8–1。

2. 婚　姻

婚姻纯属个人隐私，向别人打听这方面的信息是不礼貌的。若是向异性打听，更不恰当。

当面问年龄是不礼貌的

图 8–1

3. 收　入

收入在某种程度上与个人能力和地位有关，是一个人的脸面。和收入有关的住宅、财产等不宜谈论。

4. 住　址

除非你想上他家做客（那也得看别人是否邀请你），一般不要问客人的住址（当然，除非你是位送货员）。

5. 经　历

个人经历是一个人的底牌，甚至会有隐私。所以不要问对方的经历。

6. 信　仰

宗教信仰和政治见解是非常严肃的事，不能信口开河。

7. 身　体

对有体重问题的人，不要问他的体重，不能随便说他比别人胖。不能问别人是否做过整容手术，是否戴假发或假牙。

同时，还要特别尊重别人的私人生活空间。别人房间里的壁橱、桌子、抽屉，以及桌子上的信件、文件和其他文稿都不应随便乱动、乱翻（如果需要借用别人物品，必须得到对方的许可）。假如别人在阅读或写作，也不能从背后去看对方阅读和写作的内容，即使对方只是在阅读报纸或杂志。

注意空间距离。即使在公共场所，大家都十分自觉地为对方留出一定的私人空间。

我们的个人隐私观念比较淡薄。特别是在亲朋好友之间，大家喜欢不分你我，共同分享对方的私人生活。长者往往可以随意问及晚辈的私人生活，以显示关心。在国外，这些做法都是不恰当的。

（六）时间安排

外宾特别是欧美人，大多时间观念很强，日程安排很紧凑。如果要拜会或是宴请的话，一定要提前预约，预约时间通常在一周以前。如果没有预约而突然拜访或是临时约请对方，被认为是不礼貌的，一般会遭到拒绝。而且，对于工作时间和个人时间有严格的区分。如果是工作交往，应选择在对方的工作时间里进行；如果是私人交往，就要选择在对方下班的时间里进行。

另外，西方人在时间上还忌讳日期 13 和星期五。特别既是 13 号又是星期五的日子，往往不安排任何外出事宜。

（七）礼尚往来

外宾，特别是西方人一般不看重礼品的价值（因而喜欢赠送一些小礼物），他们认为向朋友赠送礼物不是为了满足朋友的某种需求，而只是为了表达感情。而中国人大多比较看重礼品的价值，礼品的价值一定程度上代表了送礼人的情意。

另外，在送礼的方式上，东西方也存在明显的差异。外宾（东方人除外）在收到礼物的时候，一般要当着送礼人的面打开礼物包装，并对礼物表示赞赏。如果不当面打开礼物包装，送礼人会以为对方不喜欢他（她）送的礼物。

而我们大多不习惯当着送礼人的面打开礼物包装，除非送礼人要求这么做。这么做的目的是为了表示自己看重的是相互间的情谊，而不是物质利益，如果当着送礼人的面打开礼物包装，就有重利轻义的嫌疑。

二、涉外日常交往

在与外宾的日常交往中，我们要注意以下六个方面。

（一）尊重风俗习惯

不同的国家和民族，由于不同的历史、文化、宗教等因素，各有特殊的风俗习惯和礼节。如，伊斯兰教徒不吃猪肉，斋月里，日出之后，日落之前不能吃喝；有些佛教徒不吃荤；印度教徒不吃牛肉；某些国家如印度、印度尼西亚、阿拉伯国家等，不能用左手与别人接触或用左手传递东西；在佛教国家不能随便摸小孩头顶；天主教徒忌讳13这个数字，尤其是13日、星期五，遇上这种日子，一般不举行宴请活动；使用筷子进食的东方国家，用餐时不可用一双筷子来回传递，也不能把筷子插在食物中间；东南亚一些国家忌讳坐着跷大腿；伊朗称好不伸大拇指；保加利亚、尼泊尔等一些国家摇头表示称赞，点头表示不同意等。阿拉伯国家妇女比较守旧，到人家里做客不要问女主人身体如何；给日本人送礼要注意花式，绿色被视为不吉祥，荷花是祭奠用的，礼品上不要有狐狸的图案，因为这种动物狡猾、贪婪。如果不注意这些风俗，会被误认为对他们不尊重，甚至闹出笑话。

所以新到一个国家或初次参加活动，应多了解、多观察，不懂或不会做的事，可仿效别人。

（二）女士优先

"女士优先"是国际社会公认的一条重要的礼仪原则。在西方社交场合，是否遵循"女士优先"是一条成规，是评价男士是否有男子汉气概和绅士风度的首要标准。在一切社交场合，每一名成年男子，都有义务主动自觉地尊重、照顾、体谅、关心、保护女士，并且还要想方设法、尽心竭力地为她们排忧解难。

在国外，"女士优先"是礼仪的基本原则，已经逐渐演化为一系列具体的、可操作的做法，每一名成年男士都要认真对待。

走路的时候，同行的男士应走靠外的一侧，女士则走在里侧；如果两女一男同行，应让年长的或较弱小的一位女士走在中间；如果两男一女同行，则应让女士走在中间。

上楼梯时，女士走在前面，男士走在后面，下楼梯时相反。

看影剧时，同行男士应坐在最靠近走道的座位上，影剧结束时，男士应站在走道边等女士出来后，再一起走出影剧院；如果影剧院散场时，因走道拥挤而不能并行，男士应走在女士的前面。

出席晚会或宴会时，同行男士应先给女士找好座位，并等女士入座后再坐下。如果没有专人服务，男士就应该为女士拉椅让座。

男士和女士一同上车时，男士应上前几步，为女士打开车门；下车时，男士应先下来，为女士拉开车门。

另外，在乘公共汽车时，看到年长或体弱的女士，应主动让

女士优先是国际礼仪基本原则

图 8–2

座；聚会时，女客人进入聚会场所，先到的男士应站起来迎接；和女士一起外出，应主动帮助拿一些笨重的东西，但不用帮拎女士随身的小包。如图 8-2。

（三）求同存异

世界各国的礼仪和习俗存在着一定差异。对于礼仪类似的差异性，重要的是要了解，而不是要评判是非、鉴定优劣。

“求同”，就是要遵守有关礼仪的国际惯例，重视礼仪的“共性”。“存异”，就是要求对其他国家的礼俗不能一概否定，不要忽略礼仪的“个性”。在必要的时候，对交往对象所在国的礼仪与习俗有所了解，并表示尊重。

在国际交往中，礼仪上“求同”，遵守礼仪的“共性”，也就是在礼仪的应用上“遵守惯例”，是非常重要的。世界各国有着不同的见面礼节，那些都属于礼仪的“个性”，握手作为见面礼节，可以说是通行于世界各国的，是“共性”。

（四）入乡随俗

“入乡随俗”，是涉外礼仪的基本原则之一。在国际交往中，要真正做到尊重交往对象，首先就必须尊重对方所独有的风俗习惯。去其他国家或地区比赛、学习、参观、旅游的时候，更要对当地所特有的风俗习惯有一定的了解和尊重。

要做到“入乡随俗”，最重要的是对外宾所特有的习俗，既要了解，更要尊重。尊重是建立于了解基础之上的。

在国际交往中，当自己身为东道主时，通常讲究“主随客便”；当自己作为客人时，要讲究“客随主便”。这两种做法都是对“入乡随俗”原则的具体贯彻落实。

（五）以右为尊

各种类型的国际交往，大到政治磋商、商务往来、文化交流，小到私人接触、社交应酬，但凡有必要确定并排列具体位置的主次尊卑，“以右为尊”都是普遍适用的。

在并排站立、行走或者就座的时候，为了表示礼貌，主人要主动居左，请客人居右。男士应当主动居左，请女士居右。晚辈应当主动居左，请长辈居右。未婚者应当主动居左，请已婚者居右。职位、身份低者应当主动居左，请职位、身份高者居右。

但当接待外宾时，当主人去外宾下榻的地方进行拜会或送行时，主人的身份应当是“客人”，这时外宾就“反客为主”了。这时候如有必要进行并排排列时，要使主人居左，让外宾居右。实际的含意是：外宾在主人为他提供的下榻的地方，应该被看作是“主人”，而不是“客人”。

三、赠礼习俗

（一）日 本

日本人将送礼看作向对方表示心意的物质体现。礼不在厚，赠送得当便会给对方留下深刻印象。送日本人礼品要选择适当，中国的文房四宝、名人字画、工艺品等最受欢迎，但字画的尺寸不宜过大。所送礼品的包装不能草率，哪怕是一盒茶叶也应精心打理。日本人送礼喜欢奇数，通常用1、3、5、7等奇数，但又忌讳其中的“9”，因为在日语中“9”的读音与“苦”相同。按日本习俗，向个人赠礼不宜当众送出，而要在私下进行。

（二）美 国

和美国人交往，有两种场合可通过赠礼来自然地表达祝贺和友情：①每年的圣诞节期间；②当你抵达和离开美国的时候。可选一些具有民族特色的精美工艺品。在美国，请客人吃饭，喝酒，或到别墅去共度周末，被视为较普遍的“赠礼”形式，你只要对此表示感谢即可，不必再作其他报答。去美国人家中做客一般不必备厚礼，可以带些小的礼品，如鲜花、美酒和工艺品等，如果空手赴宴，则表示你将回请对方。

（三）欧　洲

在欧洲一般不盛行赠礼，即使是重大节日和喜庆场合，这种馈赠也仅限于家人或亲密朋友之间。来访者不必为送礼而劳神，主人绝不会因为你没送礼或礼太轻而产生不快。德国人不注重礼品价格，只要送他们喜欢的礼品就行，包装要尽善尽美；法国人将香槟酒、白兰地、糖果、香水等视为馈赠佳品，体现文化修养的书籍、画册等也深受欢迎；英国人喜欢鲜花、名酒、小工艺品和巧克力，但对送有客人所属单位标记的礼品则不大欣赏。

（四）阿拉伯国家

中国的工艺品在这一地区很受欢迎，造型生动的木雕或石雕动物（但要避免猪或类似猪的图案），古香古色的瓷瓶、织锦或香木扇，绘有山水花鸟的中国画和唐三彩，都是馈赠的佳品。向阿拉伯人送礼要尊重其民族和宗教习俗，不要送古代仕女图，因为阿拉伯人不愿让女子的形象在厅堂高悬；不要送酒，因为多数阿拉伯国家明令禁酒；向女士赠礼，一定要通过她们的丈夫或父亲，直接赠饰品给女士更是大忌。

四、基本禁忌

由于自然条件、历史文化、宗教信仰以及民族等的差异，世界各国形成了各自不同的风俗习惯和禁忌。

（一）数字禁忌

许多西方国家特别是天主教徒认为“13”是凶险数字，应当尽量避开它。有些人甚至对每个月的“13”日这一天也感到有些惴惴不安，他们对星期五也认为是不吉利的，所以西方人在“13”日（特别是星期五），一般不举行活动。甚至门牌号码、旅馆房号、楼层号、宴会桌号、车队汽车的编号等都不用“13”这个数字，宴会也不安排在“13”日举行，更忌讳“13”人同席共餐。如果“13”日和星期五碰巧在同一天，这一天就被西方人称为“黑色星期五”，有些人就会感到惶惶不可终日。

另外，西方人因战争死亡的恐怖，还忌讳数字“3”，特别是在点烟点到第三个人时，他们往往会面呈难色，有的人甚至会婉拒。

在非洲，大多数国家认为奇数带有消极色彩；而在日本，奇数则被看成是吉祥福星的数字，对偶数却不感兴趣。在日本尽量避免“4”和“9”两个数字，因为在日语中“4”与“死”同音，故日本的医院都没有4号病房和病床，谁也不愿意躺在“死”号病床上等死。而“9”的发音与“苦”相近，因此也立忌讳之列。海外华侨和港澳同胞中的广东籍人，也忌用“4”做标志，遇到非说“4”不可时，就用“两双”或“两个二”来代替。

（二）颜色禁忌

不同的国家、民族对于色彩也有不同的爱好和忌讳，如日本人忌绿色，视其为不吉祥，而在欧亚的一些国家，绿色却受到普遍欢迎。巴西人把棕黄色看为凶丧之色；叙利亚和巴基斯坦忌用黄色；埃及、比利时人忌蓝色，但在荷兰、挪威、瑞士、叙利亚、伊拉克等国家，蓝色则是人们十分喜爱的颜色。土耳其人喜用素色，忌用花色，认为是凶兆。有些国家出于政治或历史的原因，对颜色的使用也有禁忌。如爱尔兰忌用红、白、蓝色组（英国国旗色）；委内瑞拉忌用红、绿、茶、黑、白色（表示五大党）；法国、比利时忌用墨绿色，因为这是纳粹军服色，这两个国家在第二次世界大战中，都被希特勒军队占领过，所以人们一见到墨绿色，普遍会流露出厌恶的情绪。

（三）花卉禁忌

鲜花美丽而又有魅力，它使人感受到蓬勃的生机和向上的朝气，但在不同的国度里对某些花的含义在理解上也有所区别。如郁金香在土耳其被看作爱情的象征，但德国人却认为它是没有感情的花。兰花是东南亚的象征，而在波兰认为是激情之花。白百合花对罗马人来说，是美与希望的象征，而在波斯人们认为它是纯真和贞洁的表示。荷花在中国、印度、泰国、孟加拉、埃及等国评价很高，但在日本却被视为象征祭奠的不祥之物。菊花是日本王室的专用花卉，人们对它非常尊重，可是菊花在西班牙、意大利和拉美各国却被认为是“妖花”，只能用于墓地和灵前。在法国，黄色的花朵被视为不忠诚的表示。

在国际交际场合忌用菊花、杜鹃花、石竹花、黄色的花献给客人，这已成为惯例。因此，需要特别注意，以免引起不良后果。

（四）动物图案禁忌

大象在泰国和印度，被看作吉祥的动物，它代表智慧、力量和忠诚；但在英国，则忌用大象图案，他们认为它是蠢笨的象征。孔雀在我国是喜庆的标志，可是在英国却把它看作淫鸟、祸鸟，连孔雀开屏也被视为是自我炫耀吹嘘的表现。蝙蝠在我国被看作“福”的象征，但在美国人眼里，它是凶神煞。仙鹤在我国和日本被看作是长寿的象征，而在法国却作为蠢汉和淫妇的代称。日本人对饰有狐狸和獾图案的物品很反感，认为它们是贪婪、狡诈的象征。北非一些国家普遍忌用狗做商标，但欧美等西方国家却视狗为神圣的动物、忠诚的伴侣，还常常把它们作为家庭成员向客人介绍。在伊斯兰教盛行的国家和地区，忌用猪做图案，也不用猪皮制品，对我国的熊猫，因其外形似猪，也在图案禁忌之列。

五、因公日程安排

（一）每周工作日不同

多数国家的工作日是周一至周五或周一至周六。但由于宗教原因，以色列的工作日是周日至周五，因为星期六是犹太教的安息日，这一天是全国法定休息日；多数阿拉伯国家的工作日是从星期六到星期四，因为穆斯林的休息日是星期五。

（二）回避节假日

特殊的节假日情况必须清楚。例如穆斯林在斋月时的工作日程安排较宽松，这时与之谈生意万万不可操之过急。欧洲人十分重视节假日，每年都会有四至五周的休假时间，尤其是法国人常在炎热的七八月份外出度假旅游，如果这时打扰他们或打乱他们的度假安排，会令对方非常恼火。有些节假日的时间并不固定，比如斋月、复活节等同中国的春节一样，每年的公历日期都不相同，应尽量避开在这些日子里进行因公活动。

（三）上下班时间各异

美国人的工作时间一般为8：30至16：30或9：00至17：00。中午有半小时至一小时的午餐时间。韩国人的工作时间是从9：00至18：00。意大利人从每天早上9：00工作到晚8：00，其中下午1：00至4：00为午餐时间。在欧洲上班时要全身心投入，但超时工作却不可取。在日本和中国的香港则相反，人们工作起来不分昼夜。日本的工作时间虽然规定为9：00至17：00，但为生意上的成功加班加点也是家常便饭。

六、涉外用餐

鉴于中、西方文化的差异，在餐桌上有明显的表现。无论是“请”，还是“被请”，我们要注意相关礼仪。

（一）请客和被请

1. 请　客

进出宴会厅或就座前，男士应先礼让女士，女士先礼让女外宾。不要仅限于和中国人一起交谈，要和外宾接触交谈。

不管天气多热，不能当众解开钮扣、脱衣服。小型便宴，主人可以请客人宽衣，男宾可以脱下外衣挂在衣架或椅背上。

宴请外宾时，需要注意的问题主要有菜单的选定、就餐的方式、宴会的位次、用餐的环境等。

（1）要确定宴请的菜单。不宜宴请外宾的菜肴主要有下列几类。

1）触犯个人禁忌的菜肴。对此一定要在宴请外宾之前有所了解。在宴请多名外宾时，对每个人的个人禁忌都要有所了解。

2）触犯民族禁忌的菜肴。比如说，美国人不吃羊肉和大蒜，俄罗斯人不吃海参、海蛰、墨鱼、木耳，英国人不吃狗肉和动物的头、爪，法国人不吃无鳞鱼，德国人不吃核桃，日本人不吃皮蛋，阿拉伯人不吃猪肉、狗肉等。

3）触犯宗教禁忌的菜肴。在所有的饮食禁忌之中，宗教方面的饮食禁忌最为严格，而且绝对不容许丝毫有所违犯。如佛教信徒不吃荤菜、葱、蒜、韭菜等；伊斯兰教信徒不吃猪肉、自死动物之肉等。

可以用来宴请外宾的菜肴有四类：

1）具有民族特色的菜肴。通常，春卷、元宵、水饺、龙须面、扬州炒饭、清炒豆芽、鱼香肉丝、宫爆鸡丁、麻婆豆腐、咕老肉、酸辣汤，等等。具有中华民族特色的菜肴，往往受外宾的欢迎。

2）具有本地风味的菜肴。在饮食方面讲究的是“南甜、北咸、东辣、西酸”。各地的菜肴，风味不同。北京的北京烤鸭、上海的炒鳝糊、天津的八卦鱼肚、重庆的香辣蟹、内蒙的烤羊腿、济南的糖醋黄河鲤鱼、郑州的鲤鱼三吃、哈尔滨的得莫利炖活鱼、长春的地三鲜、西安的凉拌驴肉、四川的水煮鱼、成都的“龙抄手”、福建的佛跳墙、武汉的香菜圆子、杭州的东坡肉、合肥的李鸿章大杂烩、南京的芦蒿炒香干、台北的鸳鸯火锅、广州的老火靓汤、西双版纳的“菠萝饭”、新疆的大盘鸡、昆明的鸡杂炒干巴菌、顺德的菊花鱼生、芜湖的芥菜圆子、湘潭的毛家红烧肉、大连的咸鱼饼子、延安的羊腥汤、延吉的狗肉火锅、宁波的黄鱼海参等，都在国内久负盛名，可以用来款待外宾。

3）餐馆有餐馆的“特色菜”、“看家菜”。主人最好还能细说有关的典故，并郑重其事向客人们进行推荐。

4）外宾本人喜欢的菜肴。在宴请外宾时，在有条件的时候，在以中国菜为主的同时，上一些对方所钟意的家乡菜。

（2）要排定宾主的座次。宴会的座次问题，又具体分为座次的排列和通告两方面问题。

如果用的是中餐，座次内容，在本书第四讲的第四部分已经专门介绍了。

在排定宴会的座次后，要向全体被邀者通告。通告宴会的座次有四种方法：

1）在请柬上注明每一位赴宴者所在的桌次。

2）在宴会厅入口处附近悬挂宴会桌次示意图。

3）在现场安排引位员，负责来宾，尤其是贵宾的引导。

4）在每张餐桌上放置桌次牌以及每一位用餐者的姓名卡，以便大家“对号入座”。座位卡应以中、英文两种文字书写。我国的惯例是：中文在上，英文在下。

2. 被　请

接到正式宴会请柬，能否出席应提前答复主人。出席宴会应正点或提前几分钟到达，并根据指定的座位就坐。

对招待食品的数量和质量不要随意议论或流露不满；离开的时候，不可以“打包”带走香烟、饮料、水果等剩余物品。

如果参加家庭宴会，要注意对方的风俗习惯。如习惯送花，可以酌情向女主人赠花，但不可以送菊花、杜鹃花。

如果主人非要请点菜，可以告诉对方，自己完全“客随主便”，或者恭敬不如从命，但是只点一道就行。

（二）用餐礼仪

如果和外宾一起用的是西餐，就要事先熟悉一下并不为我们所熟知的用餐规范。

1. 餐具用法

中国人不精通使用西餐餐具，和外宾不会使用中餐餐具一样，并不是什么大不了的事。但如果能够有些了解，无疑会使自己在这样的场合里更加自信。

（1）使用刀、叉、匙

用刀叉的基本原则是右手持刀或汤匙，左手拿叉。如果有两把以上，要依序由外向内使用，也就是说，第一道菜用最外侧的餐具，然后顺序向内推移，直到每件都用过为止。

要注意的是，不管桌上有没有排列餐具，如果菜肴上桌的时候上面特别附有餐具，那就要使用附有的餐具。

刀叉是轻握尾端，食指按在柄上，不可以翘着小指头拿刀。另外摆在刀组最外侧的汤匙是喝汤用的。汤匙用握笔的方式来拿就可以了。如果感觉不方便，可以换右手拿叉，但更换频繁就显得粗野。

吃体积较大的蔬菜，可以用刀叉来折叠、分切。较软的食物可以放在叉子平面上，用刀子整理一下。

切东西的时候左手拿叉按住食物，右手拿刀把食物锯切成小块，然后用叉子送入嘴里。使用刀的时候，刀刃一定要向内。

用餐中途需要休息，可以放下刀叉并摆成“八”字形状摆在盘子中央，刀刃要朝向自身，表示没吃完，还要继续吃。

每吃完一道菜，要把刀叉并排放在盘中，表示已经吃完了，服务人员可以把这道菜或盘子拿走了。

（2）匙 类

A. 雪糕匙：用来吃雪糕等；

B. 小咖啡匙：用于调味品、鱼子酱以及餐后咖啡；

C. 冰饮料匙：用于高脚杯的饮料甜点；

D. 茶匙：用于咖啡、茶水、水果及某些甜点；

E. 汤匙：用于甜点、麦片粥以及汤；

F. 正餐刀：适用于除了鱼之外的所有正菜；

G. 牛油刀：用来切小黄油块、软奶糖、酸辣酱以及开胃小菜；

H. 牛排刀：用来切肉；

I. 正餐叉：除了鱼之外，适用于吃所有的主菜；

J. 沙拉餐叉：吃沙拉、鱼肉、馅饼、点心以及冷盘时用；

K. 开胃食品餐叉：吃海鲜、开胃水果、龙虾时用，吃泡菜、橄榄的时候也可以用。如图 8–3。

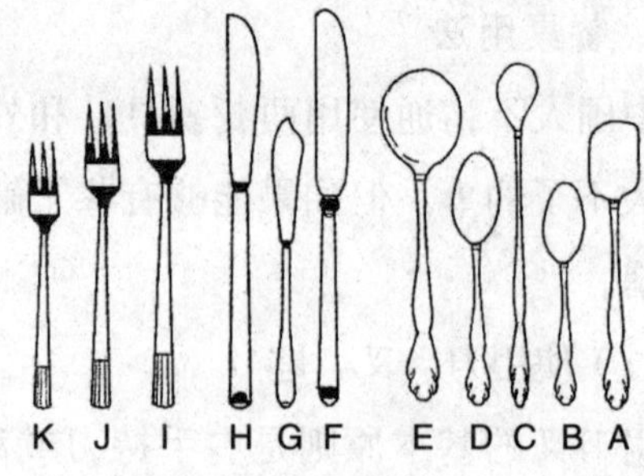

各类餐具

图 8–3

（3）杯　类

A. 吉格杯：多用于烈性酒的纯饮，又叫烈酒纯饮杯；

B. 古典杯：多用于盛加冰块的烈性酒和古典鸡尾酒；

C. 坦布勒杯：多用于盛长饮酒或软饮料；

D. 高杯：可以装盛任何软饮料；

E. 比尔森式啤酒杯：这是传统的啤酒杯；

F. 鸡尾酒杯：鸡尾酒专用酒杯；

G. 啤酒杯：用来盛载啤酒；

H. 白兰地杯：用来盛白兰地酒；

I. 雪利酒杯：主要用于盛雪利酒；

J. 白葡萄酒杯：比红葡萄酒杯略小些，主要用于盛白葡萄酒和用其制造的鸡尾酒；

K. 红葡萄酒杯：主要用于盛红葡萄酒和用其做成的鸡尾酒；

L. 笛形香槟杯：最好的盛香槟酒的酒杯，酒的气泡不易很快散掉，主要供盛香槟酒和香槟鸡尾酒用。如图 8–4。

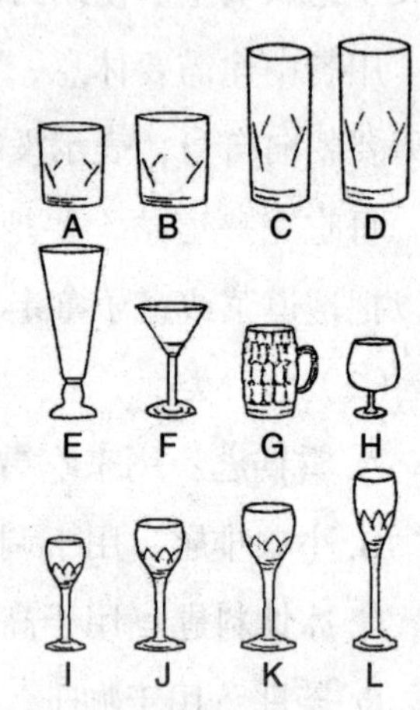

各种杯类

图 8–4

（4）洗指碗

西餐里，经常会有洗指碗。洗指碗里盛着水，上面往往还漂着点小花瓣，很漂亮。

顾名思义，碗里的水可不是喝的，而是用来洗手的。如果上了需要用手解决的菜，比如虾，就会同时送上洗指碗。另一方面来说，如果和某道菜同时端上来的还有洗指碗，那也就说明这道菜可以“动手”。把手指伸进去轻轻地洗一洗，然后把手拿起来，在餐巾上轻轻地擦一擦。

（5）餐　巾

西餐“动手”之前，先要折好、铺好餐巾。一张餐巾往内折三分之一，让三分之二平铺在腿上，盖住膝盖以上的双腿部分。千万不要把餐巾塞进领口。

餐巾是用来擦嘴、擦手的，用来擦脸、擦汗、擦鼻涕，或是将口红整个印在餐巾上等都是不对的。涂了口红的女士应该在用餐前，先用面纸轻压把口红沾掉，不可以把整个唇印落在餐巾上。

在吐出鱼骨头或果核的时候，可以用餐巾来擦嘴。擦的时候，要拿起餐巾的末端顺着嘴唇轻轻压一下，弄脏的部分为了不让人看见，可以往内侧卷起。也可以在吐食物残核时用它遮住嘴，用手指拿出来或吐在叉子上再放在餐盘上。也可以直接吐在餐巾内，再将餐巾向内侧折起。不要取出自己的手帕或面巾纸来替代餐巾。

如果餐巾脏得厉害，可以请服务人员重新更换一条。

暂时要离开座位，可以轻轻地把餐巾折好，很自然地放在椅子上。不要把餐巾挂在椅背或是揉成一团放在桌子上。

用餐完毕，把餐巾折一下放到桌子上餐盘的右边就可以离席了。

2. 西餐的吃法

当主人打开餐巾并铺在腿上的时候，表示正式就餐开始了。

当主人放下餐具，拿起餐巾折好放到餐桌上的时候，表示就餐结束，所有人都应该停止就餐。

西餐和中餐的不同，首先从身体整体动作上来看，手肘不要放在桌面上，不可以跷腿，和餐桌的距离以便于使用餐具为佳。这样都是为了方便用餐过程中西餐餐具的自如运用。

（1）汤

喝汤不能发出声音，用汤匙应从里往外舀着喝，千万不要端起来直接喝。如果汤烫，也不可以吹气，而是等自然凉却或是舀起来稍作停留再喝。千万不要又倒回汤盘里。

（2）面包和意大利面条

面包通常和黄油搭配，吃的时候用手把面包撕成几小块，用叉子叉住小块面包，再蘸一点黄油来吃。不要拿着整个面包咬着吃，要蘸一块，吃一块。

吃意大利面条时可以叉子、调羹并用，用叉子慢慢挑起少量（四五根）面条，将其绕在叉齿上成团状，同时用调羹辅助往嘴里送。因为意大利面和中国面条吃法上有些不一样，同时会有酱汁，所以绝对不能直接往嘴里吸。

（3）肉和鱼

西餐中的肉一般都是大块的，无论是羊排、牛排还是猪排都要用刀叉将其切成小块，边切边吃，不要一口气都切成小块后再吃，也不要用叉子把整块肉夹到嘴边，边咬边吃。

吃有骨头的肉，可以用手拿着吃。如果想吃得更优雅，还是用刀好些。用叉子把整片肉固定（可以把叉子朝上，用叉子背部压住肉），再用刀沿骨头插入，把肉切开。最好是边切边吃。如果需要用手吃的话，会同时附上洗指水。用手指拿东西吃后，可以在洗指碗里洗一下。吃一般的菜，如果把手指弄脏，也可以请侍者端洗指水来。

吃鱼的时候，首先用刀在鱼鳃附近刺一条直线，刀尖不要刺透，刺入一半就行了。把鱼的上半身挑开后，从头开始，把刀叉在骨头下方，往鱼尾方向划开，把针骨剔掉并挪到盘子的一角。最后再把鱼尾切掉。由左到右，边切边吃。因为鱼肉极嫩易碎，所以餐厅往往准备专用的汤匙，这种汤匙比一般喝汤用的稍大。

对少量的小刺，可以用手捏住放在盘子上，不要直接往盘中吐。另外，吃完一面，不可以把鱼翻过来，而是从已经吃完的这一面取肉吃。

吃龙虾可以用手。

（4）沙 拉

沙拉既可以作为第一道菜，又可以作为配菜和间隔菜。对沙拉中大块

（片）的蔬菜，可用叉或刀切成小块（片）。对沙拉中的豌豆可以左手持叉，右手持刀，用刀把豌豆推到叉子上。

（5）甜点和水果

上甜点的时候大都会附上汤匙和叉子。冰淇淋、布丁之类的甜点容易滑动，可以用叉子固定并集中，再放到汤匙里吃。蛋糕、西饼用汤匙吃。如果是没加工的水果，应该刀叉配合使用：梨或苹果不能整个去皮，要用刀先切成四到六块，削皮去核后再吃；香蕉应先剥皮，再切成数段食用。没有刀叉的话，可以用手将果核从嘴中取出，放在果盘边上，不能直接吐到餐桌上。

（6）芦　笋

如果要吃的芦笋菜中有汤汁，可以先切成小块，再用叉子叉着食物。如果芦笋很大而且需要蘸汁，先把头切下，然后分开来食用，以防滴汁和掉渣。也可以用手拿着茎柄，蘸汁吃。

（7）土　豆

土豆片和土豆条是用手拿着吃的。除非土豆条里有汁，那样的话要使用叉子。如果土豆条太大，不好取用，就用叉子叉开，不要挂在叉上咬着吃。把番茄酱放在盘子边上，用手拿或用叉子叉着小块蘸汁吃。烤土豆在食用时往往已被切开。如果没有用刀从上部切入，用手或叉子将土豆掰开一点，加入奶油或酸奶，奶油和小青葱，盐和胡椒粉，每次加一点。

（8）其　他

对于你确实不知道该如何“下手”的西餐菜品，最好的办法还是静观其变，别人怎样操作你就跟着怎样操作就不会失礼、露怯了。

3. 西餐的喝酒

对于吃什么菜跟什么酒，喝什么酒用什么杯，都有讲究。例如：冷盘或海味配烈性酒，用立口杯；喝汤时配淡味雪利酒，用雪利杯；吃鱼时喝白葡萄酒，用白酒杯；吃烤肉牛排以及其他肉类，喝红葡萄酒，用红酒杯；吃野味，喝红葡萄酒、白葡萄酒；吃甜品，喝白葡萄酒、香槟酒或甜味白酒；吃水果，喝啤酒、白葡萄酒；吃任何菜都可以喝香槟酒。佐以多种酒的时候要注意：度数低的酒，比度数高的酒先喝；不甜的酒，比甜的、浓的酒先喝；不甜的白葡萄酒，应比红葡萄酒先喝。要避免在吃完甜食或有甜味食品的时候，再喝不甜的酒。

葡萄酒是一种普遍受欢迎的低度酒。按喝的前后时间来分，可以分为餐前酒、餐酒和餐后酒。按颜色可以分为白、玫瑰红、红色三种。白色和玫瑰红配鱼类，用酒类冷凝器冷冻到5~10℃左右喝；红色配肉类，不必冷冻，在17~18℃左右时喝。

香槟酒是发泡性葡萄酒的一种，餐前、餐中、餐后都可以喝。

喝鸡尾酒用鸡尾酒杯，因为鸡尾酒要保持其冰冷度，所以手要接触酒杯的高脚部位，不能直接触摸杯壁，否则会使酒杯变暖而影响酒味。

甜酒一般叫“力乔”、甘露酒。它是一种含有酒精的饮料，是在白兰地、威士忌、伏特加、葡萄酒、朗姆、金酒中加入一定的“加味材料”，如果皮、砂糖、香料等，经蒸馏、浸泡、熬煮而成。它是传统的餐后酒，有助于消化。

啤酒是流行饮料。喝啤酒的时候一般要冷冻，以5~10℃之间为宜。不要加冰块，否则会加速气泡的消失，冲淡香味。也不要冷冻或温度过高，否则都会破坏其风味。

喝酒的时候，服务人员会倒少量酒到杯中，让客人鉴别一下品质。这只是程序而已，只要喝一小口并回答“Good”就行了。然后服务人员会继续倒酒。不要动手去拿酒杯，把酒杯放在桌上由服务人员去倒就行了。

要求加酒的时候，把杯子放在桌上就行了。如果不想再喝，服务人员在倒酒的时候，只要把右手掌按在杯子上就行了。

正确的握酒杯的姿势是用手指轻握杯脚。为避免手的温度使酒温增高，要用大拇指、中指和食指握住杯脚，小指放在杯子的底台固定。

喝酒时绝对不能吸着喝，而是倾斜酒杯，像是把酒放在舌头上似的喝。轻轻摇动酒杯让酒和空气接触以增加酒味的醇香，但不要猛烈摇晃杯子。

另外，边喝边透过酒杯看人、拿着酒杯边说话边喝酒、吃东西时喝酒、口红印在酒杯沿上等，都是失礼的行为。万一杯沿上印上了口红印，用面巾纸擦就行了。

西餐里的喝酒，都是“含蓄”式的。无论是别人敬酒还是自己喝酒，都是喝一小口，甚至放到唇边舔一下也算符合礼仪。相反，如果也和中餐一样“一口闷”、“仰脖尽”，反而被认为失礼。

4. 西餐的座次

西餐使用的餐桌，最常见的是长桌。

对长桌来说，排座有两个主要方式。

（1）第一主人、第二主人（女主人）在长桌对面而坐，餐桌两边可以坐人，也可以不坐人。如图 8–5，8–6。

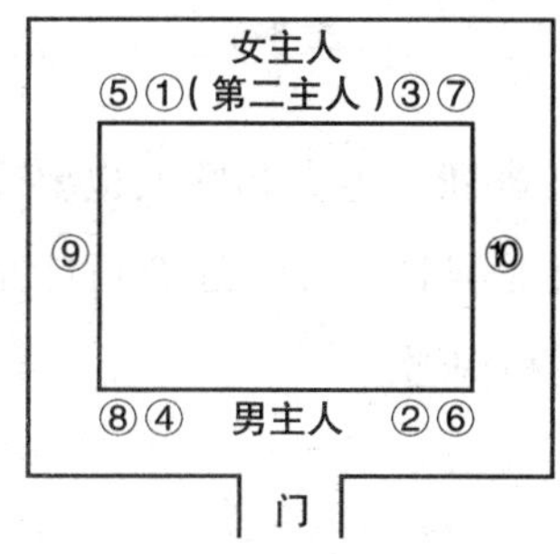

男女主人居中而坐时位次的排列之一

图 8–5

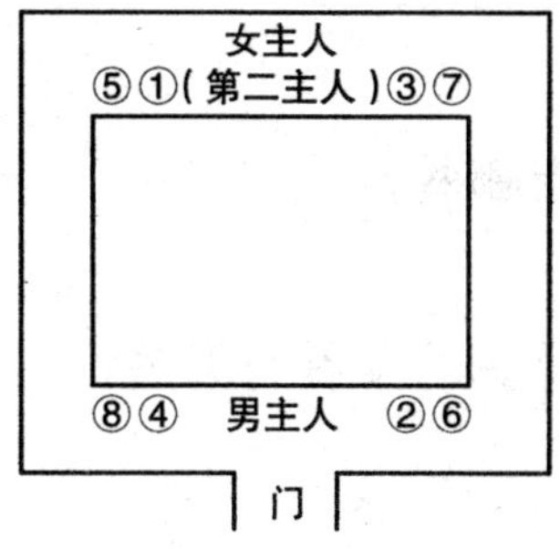

男女主人居中而坐时位次的排列之二

图 8–6

（2）第一主人、第二主人（女主人）就坐在长桌两端。如图 8–7。

在西餐中，特别是较隆重的西餐，要遵守交叉排列座次的原则。依照

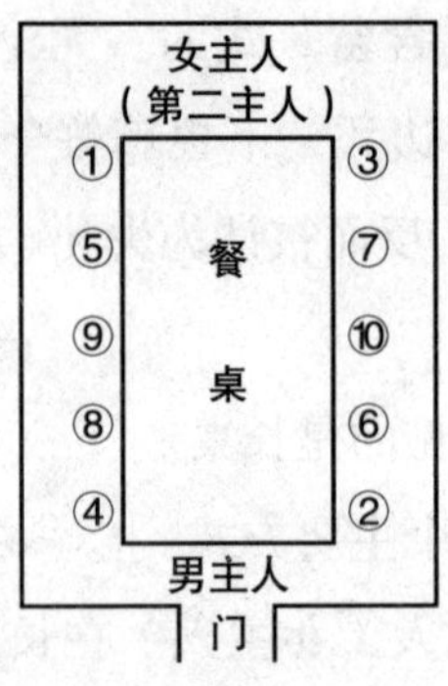

男女主人分坐于两侧时位次的排列

图 8–7

这一原则，男女应当交叉排列，生人和熟人也要交叉排列。所以，一个用餐者的对面和两侧，往往是异性，而且还有可能是与其不熟悉的。这样做最大的好处就是加强交流和沟通。

本讲要点提示

1. 中外礼仪文化有哪些不同?

2. 涉外礼仪禁忌有哪些?

3. 可以用来招待外宾的菜肴有哪些?